M000105189

ISBN 978-0-578-79214-9

Página web: www.AprendExito.com

Programa Emprende Con Tu Libro
Mentora en autopublicación: Anita Paniagua
www.anitapaniagua.com

Edición y corrección: Yasmín Rodríguez, The Writing Ghost, Inc.
www.thewritingghost.com

Diseño gráfico y portada: Amanda Jusino
Maquetación: Anamar Romero
www.amandajusino.com

Fotografía de la autora: L. Raúl Romero
Raulromerophotography@gmail.com

Este libro y todo su contenido es resultado del conocimiento y pensamientos de la autora. Este libro no representa ni reclama ser otra cosa que la opinión sincera de la autora sobre los temas tratados. Se presenta como información general. Por favor, consulte a su trabajador social, doctor o terapeuta sobre sus necesidades individuales.

En la redacción de este libro se usó el género masculino genérico según la regla de gramática del idioma español: en español, el masculino es el género no marcado (sirve para designar a los individuos del sexo masculino y a toda la especie sin distinción de sexos) y el género marcado es el femenino (solo sirve para asignar al género femenino tanto en singular como en plural).

Todos los nombres de padres, encargados y niños fueron cambiados para proteger sus identidades. Cualquier similitud entre los nombres e historias descritos en este libro e individuos conocidos por el lector es pura coincidencia.

Dra. Nancy Viana

Ruta

AprendÉxito

Guía para el éxito escolar desde la etapa preescolar

Testimonios

Esta profesora rompe todas las reglas

La Dra. Nancy Viana es parte fundamental de mi formación como trabajadora social. Su mayor interés es el bienestar de sus estudiantes y cómo fortalecer su desarrollo personal y profesional. El proceso de aprendizaje con esta profesora rompe todas las reglas de la educación tradicional. Con la Dra. Viana, las experiencias van más allá de aprender la teoría, ya que te lleva a analizar la realidad en la que nos encontramos y a su vez a trabajar con nosotros mismos. Las aulas de clase se convierten en espacios terapéuticos de reflexión, autoanálisis e introspección, siempre con la meta hacer lo que podamos para aportar a la sociedad y ofrecer un mejor servicio.

Nahomi M. Velez Balasquide
Estudiante
Departamento de Trabajo Social
Universidad de Puerto Rico
Recinto de Río Piedras

Más que una profesora

Sus estudiantes la recordamos como dedicada, protectora, comprometida, brillante, guerrera, perseverante, auténtica, eficaz y luchadora, entre otras. La realidad es que que son muchas las cualidades que hacen de la Dra. Nancy Viana mucho más que una profesora. Para nosotras ella es la mano, ejemplo y motor que nos impulsa a querer ser como ella. Más que una profesora, es una trabajadora social.

Las ocho nocturnas
Estudiantes
Departamento de Trabajo Social
Universidad de Puerto Rico
Recinto de Río Piedras

Su propósito es hacer valer los derechos de los estudiantes

Conocí a la Dra. Nancy Viana para el año 2001 (agosto) cuando me ubicaron para trabajar como maestra de educación especial en la misma escuela que ella trabajaba. Cuando los estudiantes presentaban dificultades académicas, la Dra. Viana completaba los documentos de referidos para ser evaluados y registrados en el programa, logrando su propósito de hacer valer los derechos de los estudiantes. Trabajaba muy responsablemente para que nuestros estudiantes recibieran un trato de excelencia.

Brenda L. López
Maestra
Programa de Educación Especial

Su labor fue inspiradora en mi vida

Conocí a la Dra. Viana cuando cursaba la escuela elemental. Para esos años ella era la trabajadora social de la misma. Hubo un tiempo en donde enfrenté problemas con otras estudiantes. Nancy buscaba la igualdad entre los estudiantes, siempre ayudaba a fomentar la seguridad y apoyaba los cambios positivos como trabajadora social. Gracias a lo vivido en esa etapa pude superar miedos y también la timidez. Su labor fue inspiradora en mi vida. Actualmente soy estudiante de psicología, y espero poner en práctica muchos de los conocimientos y valores adquiridos gracias a ella.

Jonielyz Rivera Reyes
Estudiante

Dedicatoria

Deseo dedicar este libro a mi querida familia en general, pero muy especialmente a mi hija Francheska, mi nieto Fabián, mi nieta Valentina, mi querido padre Antonio Viana, mis hermanos Edwin, Sonia, Lilly, Linda y a la persona que me motivó para que hiciera este sueño realidad... mi querido "George". Gracias a todos por su apoyo y cariños. Así mismo, lo dedico a todos esos niños y familias que me permitieron conocer más de cerca sus experiencias y de alguna manera aportar a mi ayuda profesional como trabajadora social.

Con cariño,

Nancy

Tabla de contenido

Escribí este libro para ayudar a las familias

Luego de más de veinte años de experiencia como trabajadora social, decidí escribir este libro para ayudar a esas familias o encargados que no tienen acceso a los servicios de trabajo social y que necesitan contar con «un faro que ofrezca luz en su camino» en su entrada al nuevo mundo que llamamos escuela, y los retos que esto plantea. Quiero que esta metodología sea la luz que te acompañe, la brújula que te ayude a ir trazando el mapa y los pasos que te ayuden a llegar a la meta que trazaste, que no es otra cosa que lograr el éxito escolar de tu niño.

Otra razón que me motivó a escribir fue que, durante estos años, recibí y continuo recibiendo peticiones de consultas, tanto de padres y madres como de otros profesionales, en la búsqueda de alternativas para atender situaciones que se les presentan con sus niños y estudiantes en las diferentes etapas del desarrollo. Muchas de estas situaciones se presentan en el proceso de transición cuando pasan del hogar a la escuela, entendiendo que este escenario cuenta con una mayor estructura que requiere de unas destrezas y conocimientos que le permitan desenvolverse de una manera adecuada para lograr su pleno desarrollo.

Entre las situaciones que con mayor frecuencia me consultan se encuentra la entrada del niño al escenario escolar, cuando papá y mamá comienzan a recibir referidos y quejas por parte de los maestros. Estas situaciones, además de afectar a la familia, genera otros problemas entre el personal de la escuela y la familia, y por ende, afecta la autoestima del niño.

Vemos entonces que hay varios factores que pueden afectar el aprovechamiento escolar y social del niño a corto plazo, además de su futuro, tales como:

- No contar con el apoyo de un profesional de trabajo social especializado en la niñez y la familia.
- No tener una metodología apropiada (pasos a seguir) en el proceso de identificación y análisis de las necesidades que se van presentando en las diferentes etapas del desarrollo de la niñez.
- No saber cómo establecer un plan a corto y largo plazo que facilite la transición del niño.

A muchas de las necesidades que pueden presentar los niños se les llama «impedimento» o «discapacidad», dependiendo el país y las leyes que las definen. La discapacidad se define como una condición que impide o limita a la persona en su vida diaria, como en este caso serían los niños en su proceso de aprendizaje.

La diversidad funcional se define como una expresión más positiva y con menos estigma, la cual reclama la aceptación de las diferencias y el respeto por la dignidad de la persona, y en este caso, de la niñez (Oficina de Vida Independiente de Andalucía, 2019). Para muchas personas y profesionales, esto presenta aspectos negativos de la persona y de su situación, así que para sustituir este concepto, me referiré a «diversidad funcional».

En los anejos encontrarás una sección donde explico los parámetros sobre discapacidad en Puerto Rico, y la ley IDEA.

En mi carrera como trabajadora social fui implementado lo aprendido a lo largo de mi vida académica y laboral, desarrollando una metodología que me permitiera trabajar en el fortalecimiento de las capacidades en desarrollo de los niños en su contexto académico y familiar.

Mi metodología AprendÉxito es un sistema de evaluaciones y procesos que permiten descubrir las fortalezas o áreas retantes en el desarrollo, para determinar un plan de acción que asegure el éxito en el ambiente educativo. Este libro es para todas aquellas personas que tienen bajo su cargo a niños, tales como madres, padres, tías, abuelas y guardianes, sin importar en la etapa del desarrollo donde se encuentren. También, lo dirijo a todos los profesionales que trabajan con esta población, en especial aquellas personas que se inician como profesionales de trabajo social en escenarios preescolares y de grados primarios y los que se encuentran en su formación académica.

De igual modo, considero que es una herramienta útil para otros tipos de profesionales que se inicien en el trabajo con niños, tales como maestros, terapeutas de habla y lenguaje, terapeutas ocupacionales y físicos, entre otros.

¿Cómo puedo ayudarte?

Aquí, te regalo mis secretos profesionales para que puedas llevar al niño listo para esta etapa escolar, sin importar la modalidad educativa que selecciones: educación pública o privada de la corriente regular, educación en el hogar o *homeschooling*, educación alternativa, entre otras.

Además, te regalo toda mi experiencia de más de veinte años como trabajadora social con niños y sus familias. Te presento mi modelo de trabajo, el cual llevo usando todos estos años y que está probado exitosamente basado en los resultados obtenidos con mis estudiantes de diferentes niveles.

El modelo AprendÉxito consiste en una serie de pasos que te permitirán asegurar que tu niño se encuentra listo para iniciar la escuela. Antes de comenzar, quiero explicarte por qué se llama AprendÉxito. Este es un concepto único, nombrado con una palabra que combina los conceptos de aprendizaje y éxito.

AprendÉxito está basado en que todo niño puede lograr el éxito académico descubriendo su propio mapa de aprendizaje y potenciando sus capacidades y fortalezas para una mejor independencia en la vida.

¿Cuál éxito? El éxito que tú decidas. Este mapa del éxito es diferente y único para cada niño, y por eso es importante trazar la ruta adecuada. Para esto, la ruta se presenta en cinco caminos, los cuales a su vez cuentan con unos pasos específicos que te conducirán a distintos destinos donde descubrirás la mejor acción para lograr un resultado exitoso.

Este modelo se puede usar desde grados preescolares hasta cualquier otro nivel o etapa. Está fundamentado en un enfoque de prevención, para que podamos trabajar con la situación antes de que se convierta en un problema, así que mientras más pronto lo integres, mejores serán los resultados.

AprendÉxito facilita la identificación de sus capacidades y presta especial atención a aquellas que necesitan prioridad. En especial, aquellas que necesitamos atender antes de iniciar la entrada al proceso de educación formal. Si se trabaja antes de iniciar la escuela, los resultados serán mucho más beneficiosos que si lo hacemos una vez inician. No obstante, igual lo puedes integrar durante cualquier etapa del desarrollo si el niño ya se encuentra adelantado en sus estudios.

Para facilitar el proceso de integración de AprendÉxito, primero hablaremos de las etapas de evaluación. En esta sección conocerás las razones por las cuales es necesario saber detectar cuándo el niño necesita ayuda, y también confiar en los profesionales que te pueden dirigir hacia las ayudas correspondientes.

Luego de conocer las áreas de reto, si alguna, procederemos a estudiar las diferentes opciones para apoyar, ayudar y dirigir al niño al camino del éxito, trabajando en equipo con los debidos profesionales.

Durante todo el proceso, te ofreceré algunas anécdotas de mi vida profesional, que sirven para ilustrar los puntos que describo. Además, encontrarás herramientas que te servirán para adaptar lo leído a la situación particular de tu niño.

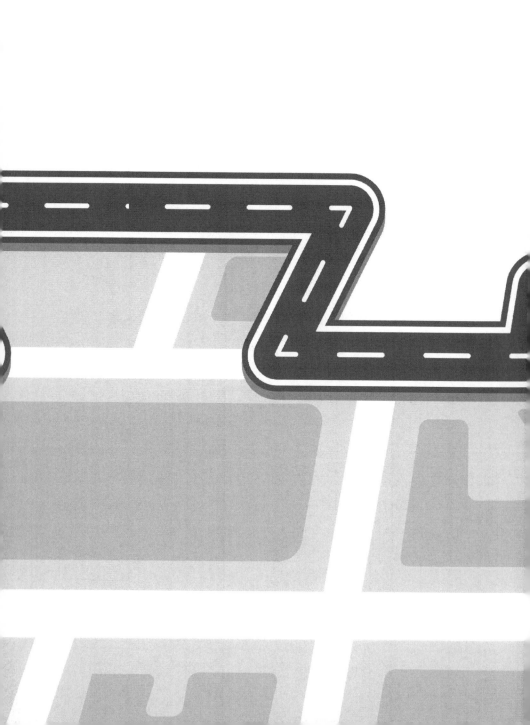

Parte #1:

Vamos a evaluar a tu niño

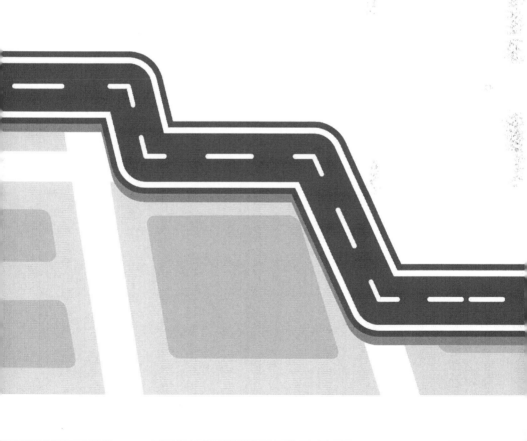

Juntos descubrimos a tu niño

Recuerdo aquella mañana, en una escuela de mi querido Puerto Rico, cuando tocaron a la puerta de mi oficina de trabajo social escolar. (Encontrarás una explicación sobre lo que es el trabajo social en la sección de anejos.) Inmediatamente, hizo su entrada uno de los alumnos de segundo grado con una hermosa sonrisa (me referiré a él como Luis, nombre ficticio).

Una vez entró, Luis me saludó. «Buenos días, Viana. Estuve pensando este fin de semana en algo que quiero hacer, y estoy aquí para que me des uno de tus cabellos. Es que quiero hacer un clon que tenga tu personalidad y la de Ricky Martin.» Luego de decirme esto, continuó hablando sobre cómo llevaría a cabo el proceso.

Pueden imaginar mi asombro al escuchar a un niño de segundo grado, que tenía siete años de edad, diciendo esas palabras. Luis era bilingüe, ya que hablaba y entendía muy bien el español e inglés, idiomas que había aprendido por su propia cuenta usando el internet. Podríamos pensar con esos datos que me encontraba frente a un niño dotado intelectualmente.

A pesar de que Luis era un joven con una inteligencia sobre lo «normal» para su edad, así mismo tenía áreas que necesitaban fortalecimiento, las cuales no le permitían desempeñarse de manera exitosa en las áreas académica y social. Esto continuaba, a pesar de que la madre había visitado a diferentes profesionales buscando la ayuda y solución para atender esas necesidades.

Durante mi primera entrevista con la madre de Luis, María solicitó mis servicios, ya que se sentía muy confundida y desesperanzada. Desde el nacimiento había enfrentado situaciones difíciles, entre las que se encontraban los constantes cambios de escuela buscando el lugar en el que finalmente el niño pudiera desarrollarse exitosamente.

El día de esta primera entrevista, María me presentó un expediente que ella preparó con gran parte de las evaluaciones que le habían realizado a Luis. Estos documentos incluían evaluaciones desde el primer año de vida del niño hasta el momento de la entrevista. Entre los tantos diagnósticos que le habían ofrecido se encontraban: epilepsia, déficit de atención con hiperactividad, depresión y el trastorno oposicional desafiante.

En ese momento me pregunté, ¿cómo un niño de siete años podía tener todas estas etiquetas? ¿Cuáles eran las implicaciones para él? ¿Para su familia? ¿Para su futuro? Ahí pude entender mejor la frustración y desesperación de la madre al no estar segura de lo que realmente tenía su hijo, pero más que nada, cómo todo eso lo afectaba mientras ella no lograra encontrar una solución que le diera tranquilidad y esperanza.

En cuanto a la experiencia escolar, María narró que le causaba mucha inseguridad tener que cambiar escuelas y compartir esta información de salud, la cual ni ella tenía clara. Como parte de esta experiencia había identificado que, al presentar la información del desarrollo del niño al personal escolar, a veces percibía rechazo ya que le indicaban que no tenían servicios para niños como Luis.

Cuando pienso en las situaciones que enfrentan muchos de nuestros niños y sus familias en el inicio de su experiencia educativa, recuerdo a Luis y a su madre, aun después de tantos años. Su situación me permitió conocer muy de cerca la triste realidad que enfrentan muchos niños y sus familias en una etapa tan importante como lo es el inicio escolar, en la que se espera que sea todo lo contrario una etapa de mucha alegría y en la que la cual se puedan celebrar los éxitos de los niños.

Mi trabajo con Luis coincidió con el inicio de mi carrera profesional, ya que me encontraba recién graduada de trabajo social. Pude integrar todo el aprendizaje adquirido en mi formación académica, aplicado a la realidad de los participantes, para desarrollar mi metodología. Puedes referirte a la sección de anejos si quieres más información sobre lo que es el trabajo social.

Siguiendo con mis recuerdos, en un mes de octubre cité a la madre de un estudiante, al que me referiré como Omar, para una entrevista inicial. Su maestra de kínder (grado pre-escolar obligatorio en Puerto Rico) me había entregado un referido, ya que estaba preocupada por su aprendizaje, y necesitaba identificar las áreas que no le permitían aprobar las destrezas que se estaban ofreciendo.

Al iniciar mis labores en la escuela, acordé que, previo a referirme las situaciones de algún estudiante, las maestras llevarían un diario anecdótico con las observaciones y análisis del niño durante uno o varios meses. Otra fuente de información que integraban eran los resultados de pruebas y de las tareas realizadas en las diferentes asignaturas, junto a evaluaciones de otros profesionales, entre otras fuentes.

Ya contando con todos esos datos, y antes de realizar la entrevista a la madre o familiar a cargo del niño, mi segundo paso era reunirme con la maestra que generaba el referido. Esta reunión tenía como propósito discutir y analizar toda la información del niño, para tener un mejor contexto y establecer los próximos pasos a seguir. Como ves, el trabajo social se basa en la búsqueda de información desde diferentes ámbitos.

Luego de entrevistar a la maestra, en ocasiones resultaba necesario entrevistar a otro personal, como por ejemplo a la asistente de la maestra o maestras de otras materias como inglés, arte o educación física. Si aplicaba, entrevistaba también a alguna de las compañeras que se encargaban de la limpieza de la escuela y del comedor escolar, ya que eran las que los acompañaban durante el periodo de alimentación y de recreo.

Omar tenía cinco años y seis meses de edad y vivía con su madre, padre y hermanos mayores. Según el referido, presentaba dificultades al momento de realizar actividades que requerían cierta independencia cuando llegaban a este grado, tales como ir al baño y alimentarse solo.

En el referido la maestra indicó que al niño se le dificultaba ir al baño sin apoyo, ya que al momento de tener que desabotonar su pantalón no lograba hacerlo, y se había orinado en su ropa en dos ocasiones. También, refirió que presentaba dificultades en el comedor escolar, ya que requería asistencia para sostener la bandeja y llevarla hasta su mesa. Además, tenía dificultades para sostener la cuchara, y por ende, para su alimentación en general. Ella entendía que esa situación, a su vez, afectaba el aprovechamiento académico, ya que iniciarse en la escritura y lectura requería contar con destrezas de motor fino que le permitieran tener un buen agarre de lápiz, y al momento tenía dificultad en esa área.

En la entrevista la maestra indicó que, a pesar de los intentos por reforzar las destrezas de independencia y de aprendizaje a través de la enseñanza directa e individualizada, el niño no lograba llevar a cabo las mismas de manera independiente. Le parecía, inclusive, que el niño no entendía todas las instrucciones que se le daban. Esta información ofrecida por la maestra coincidió con la del resto de las profesionales que trabajaban con el niño, quienes también fueron entrevistados como parte del proceso.

Una vez terminé con las entrevistas con el personal escolar, pasé una tarde en el salón, observando, y entonces cité a los familiares de Omar. Con ellos encontré información muy interesante y que me ayudó a entender mejor lo que le sucedía (este es un rol de investigadora, que forma parte de nuestras tareas y funciones en trabajo social). En la entrevista hacemos lo que se conoce como el historial del desarrollo del niño, desde su nacimiento hasta el momento de la entrevista. De hecho, en el anejo 2 encontrarás una lista completa de lo que conlleva este historial.

La madre narró que ella y su esposo (padre del niño) cuidaban de Omar en su hogar hasta su entrada a kínder. Los hermanos mayores también ayudaban en su crianza, ya que tenía una hermana de dieciocho años y los otros dos se encontraban entre los quince y diecisiete años. Omar era el menor de cuatro hermanos, y el más querido.

Entre los datos de salud, la madre resaltó que tuvo complicaciones a los seis meses de embarazo. Tuvo que dejar su trabajo durante esos últimos meses, ya que la enviaron a reposar y le dieron algunos medicamentos. Cuando finalmente nació Omar, lo dejaron algunos días hospitalizado, ya que tenía un problema con su tipo de sangre y hubo que darle algunos tratamientos médicos. No obstante, después de eso el niño no requirió más hospitalizaciones, y en su desarrollo hasta los cinco años gozó de buena salud física.

Entonces, la madre me ofreció un dato importante sobre la crianza de Omar. En su casa se recurrió al uso continuo, prácticamente hasta la entrada a la escuela, de un corral (especie de cuna). Esto facilitaba que su cuidador (mayormente papá) pudiera realizar las tareas en el hogar.

Otro dato significativo fue que, también para facilitar la crianza, vestían al niño con pantalones que tuvieran elástico en la cintura, de manera que fuera más fácil para él cuando necesitara ir al baño. Ya se podía entender por qué tuvo dificultades para desabotonar su ropa.

Luego surgieron otros datos que fueron importantes para mi análisis, como por ejemplo, que Omar tardó más en caminar e ir al baño sin ayuda en comparación con sus hermanos. Además, aunque para estar en la casa usaba pantalones de elástico, cuando salían (en ocasiones) le ponían pantalones de botones. Ahora bien, cuando necesitaba ir al baño, era asistido por algunos de los familiares. Así fue que entre mamá, papá y yo fuimos entendiendo el problema. Un problema que no se había identificado hasta llegar a la escuela, lo que solía suceder muy a menudo.

Para ayudar a Omar, seguí los pasos de mi metodología: lo referimos primero al pediatra para una evaluación física completa, de la cual salió muy bien. Luego le hicieron una evaluación visual y audiológica, para finalmente hacer el referido al área de sicología.

En esta última evaluación (sicología) se identificó la necesidad de hacer otras evaluaciones: habla y lenguaje, terapia ocupacional y terapia física. Después de casi un año fue que pudimos hacer un análisis completo, y por ende, un plan de trabajo. El plan incluyó que le ofrecieran diferentes terapias por más de seis años, a la vez que trabajamos con la familia y con el personal escolar para darle a Omar las herramientas que necesitaba para fortalecer sus capacidades de aprendizaje.

¿Cómo aprenden los niños?

Como viste en la situación de Omar, muchos de sus problemas tenían que ver directamente con la estimulación sensorial que recibió durante su infancia temprana. Los niños aprenden a través de los sentidos, por lo que nuestros niños van a querer ver, tocar, oler, probar y escuchar, y debemos estar preparados para facilitar este proceso de aprendizaje y que se convierta en uno placentero y seguro.

Así que, es importante que tu niño cuente con un ambiente libre de peligros, que le permita explorar y aprender con libertad. Al exponerse a la exploración, le van a surgir muchas preguntas, ya que querrá entender cómo funciona el mundo que lo rodea. En esta etapa también comienzan a imitar a las personas con las que comparten, así que no te sorprendas si descubres que usa tu maquillaje, se pone tus zapatos o hasta tu ropa.

Ahora bien, si nuestros niños aprenden a través de sus cinco sentidos, resulta necesario encargarnos de conocer cómo funcionan. Es por esto que te incluyo aquí algunos datos de los sentidos.

Los cinco sentidos y el aprendizaje

Los cinco sentidos son el tacto, la vista, la audición, el olfato y el gusto. Es a través de estos que se produce el aprendizaje. Es importante conocer que cada persona, aun los hermanos gemelos, pueden presentar diferentes formas de aprender. Por ejemplo, uno de ellos puede aprender mejor escuchando, y el otro, a través de la observación y el modelaje.

En la siguiente tabla incluyo cada unos de los sentidos y el órgano del cuerpo que le corresponde, la importancia de este y algunas recomendaciones para fortalecer el aprendizaje a través de cada uno.

Sentido - órgano	Importancia	Recomendaciones
Tacto - piel	Es uno de los primeros sentidos que se desarrolla desde que el bebé se encuentra en el vientre materno. Este sentido le permite percibir, sentir, tocar y conocer el medio ambiente que lo rodea. Como parte del aprendizaje que se da a través del tacto, se encuentra la identificación de: • Texturas: duro o suave • Tamaños: grande o pequeño • Formas: redondo o cuadrado • Temperatura: frío o caliente El tacto facilita o afecta el inicio de la escritura si no lo fortalecemos. Por ejemplo, es esencial para lograr un buen agarre de lápiz, lo que a su vez permitirá que el niño haga unos trazos de letras fuertes y definidos. Está relacionado con las destrezas al caminar y otros movimientos de su cuerpo que facilitan que pueda tener movilidad y explorar el ambiente que lo rodea.	Para fortalecer las destrezas del sentido del tacto te recomiendo: **Cuidar su piel** • Cuando tu niño se expone al sol, te recomiendo usar protector solar que viene para niños. • Después del baño y antes de dormir en la noche, aplica alguna loción. Esto no tan solo lo ayuda a tener una piel saludable, sino que también le facilita tener un mejor sueño. Si no es alérgico, puedes integrar el uso de aceites esenciales en las cremas, como por ejemplo la lavanda, que lo ayuda a descansar. **Promover el juego** • Jugar con plastilina, pintura de manos (finger paint), cortar papeles con tijeras, calcar algún dibujo, todo esto fortalece sus dedos y manos, por lo que le ayudará en el proceso de escritura para la firmeza del agarre y de sus trazos. • Ir a parques que cuenten con columpios, tubos para colgarse y chorreras. • Juegos como la peregrina, jaxs (matatenas), trompo y canicas son muy buenos para su desarrollo. • Los juegos de mesa tales como el bingo, el ajedrez y el dominó, pueden integrarse con la enseñanza de las letras y números, y le ayudarán a fortalecer destrezas sociales y cognitivas.

Vista – ojos	Es uno de los sentidos que más usará y un determinante en el aprendizaje. El 80% de la información que recibe tu niño entra por la vista en forma de imágenes y sensaciones. Le permite identificar los colores, tamaños, formas y ubicación de los objetos. La vista permite establecer una relación con su ambiente.	Es importante para el cuidado de los ojos: • Utilizar una luz adecuada para la lectura, en especial cuando haga sus tareas. • Limitar el uso de los celulares, juegos electrónicos y el televisor. • Una buena alimentación. • Proteger los ojos al exponerse al sol con el uso de gorras y gafas. • Una evaluación visual una vez al año ayuda a identificar cualquier necesidad a tiempo.
Audición - oídos	Al igual que el tacto, es uno de los sentidos que se desarrolla primero y de los últimos que perdemos, ya que desde nuestro vientre el niño escucha tu voz y las de las personas a tu alrededor. Le permite escuchar los sonidos a su alrededor y distinguirlos, como por ejemplo: la voz de mamá y de abuela. Facilita la identificación de emociones de otras personas y, por lo tanto, cómo responder a las mismas.	Te recomiendo: • Al escuchar música (con o sin audífonos) o en el uso de los juegos electrónicos, verifica que utilice un volumen moderado. • Al finalizar las actividades que incluyan agua, como piscinas, ríos y playas, seca bien el área de los oídos. • Realiza un examen auditivo al iniciar la escuela y en otro el momento que consideres necesario.

Gusto - boca	El sentido del gusto se encuentra en el área de la lengua. Permite identificar los sabores: dulce, salado, amargo o ácido.	Para mantener un buen estado oral, es importante llevar al niño al dentista para sus limpiezas un mínimo de dos veces al año. Utiliza el juego para fortalecer el aprendizaje por este sentido: • Pídele que cierre los ojos y que abra la boca, luego coloca en esta una cucharadita de guineo con yogur y pasas. Pregúntale ¿qué fue lo que te di?
Olfato - nariz	Este sentido facilita distinguir olores de las diferentes personas y cosas en el medio ambiente que les rodea.	El cuidado de la nariz consiste en mantenerla limpia para una buena respiración y libre de introducción de objetos. A la hora del juego, puedes seleccionar varias frutas y hasta especias dulces: • Coloca una venda en los ojos de tu niño. • Acerca al área de la nariz alguna fruta. Por ejemplo, la china. Le pides que intente adivinar cuál es, y así lo haces con cada una de ellas. • Cuando visiten algún área como bosques o playas, pide que cierre los ojos e intente explicar los olores que identifica y cómo los percibe (le gusta, no le gusta, razones para su respuesta).

Indicadores del desarrollo en niños

Los indicadores del desarrollo se definen como lo que la mayoría de los niños puede lograr en una etapa determinada. Para facilitar la presentación, incluyo la definición de cada uno de los indicadores, ejemplos de estos, recomendaciones para fortalecer cada área, una tabla en la que puedes responder datos sobre tu niño, recomendaciones sobre lo que puedes hacer si identificas alguna necesidad en alguna de estas áreas y los pasitos del aprendizaje, en donde incluyo algunos datos adicionales sobre cada indicador.

Deseo recordarte que este ejercicio ofrece una guía general de los logros alcanzados por tu niño, por lo que, si sientes alguna preocupación al completarlas, compártela con algún profesional cualificado.

Indicadores del desarrollo, exploración y aprendizaje

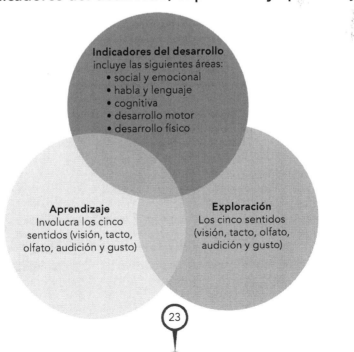

Indicadores del desarrollo
incluye las siguientes áreas:
- social y emocional
- habla y lenguaje
- cognitiva
- desarrollo motor
- desarrollo físico

Aprendizaje
Involucra los cinco sentidos (visión, tacto, olfato, audición y gusto)

Exploración
Los cinco sentidos (visión, tacto, olfato, audición y gusto)

23

Área social y emocional

El área del desarrollo social y emocional en los niños se refiere a la adquisición de las habilidades que le permiten a tu chico contar con amigos, superar la frustración, poder lidiar con cambios y seguir las reglas de convivencia, entre otras. Este indicador es muy importante, ya que está relacionado con la salud mental.

Recuerdo a Iris, una estudiante de primer grado que siempre prefería estar sola y no jugar, por lo que muchos pensaban que tenía problemas en el área social-emocional. Una vez se refirió para la evaluación pediátrica, y con el apoyo de un neurólogo, se identificó que lo que le sucedía era a consecuencia de un tipo de epilepsia que no se manifestaba de la forma regular. Ella no sabía expresar lo que le sucedía cuando tenía sus convulsiones, y por eso se aislaba de sus compañeros.

Otro ejemplo que puedo compartir es el de Lucy, de segundo grado, la cual se dormía en el salón. Siempre se sentía cansada y sin deseos de jugar. Cuando la llevaron a su pediatra, el doctor identificó en una prueba de sangre que la niña presentaba un nivel bajo de hemoglobina.

Recomendaciones para fortalecer el área social-emocional

- Facilita que el niño participe en actividades en las que comparta con otros niños de su edad. Por ejemplo, puede ser en actividades familiares, como fiestas de cumpleaños, celebraciones de días especiales en su país, entre otros.

- De acuerdo con sus intereses, dirígelo para que participe en grupos de deportes, arte, clubes y otros.
- Otra alternativa que se recomienda, y que ha demostrado ser muy buena, es integrarlo a centros preescolares.

Existe una diversidad de alternativas. No obstante, debes identificar las opciones que mejor se ajustan a la realidad del niño: su edad, intereses, condiciones de salud y tus expectativas en cuanto a su desarrollo, por ejemplo.

¿Cómo descubro las necesidades de mi niño en el área social-emocional?

Marca con una X en la columna que corresponda al indicador, de acuerdo a las experiencias observadas.

Indicador	Siempre	En desarrollo	Nunca
Busca complacer a sus amigos			
Quiere parecerse a sus amigos			
Puede seguir las normas o reglas			
Le gusta cantar, bailar y actuar			
Reconoce a qué sexo pertenecen las personas			
Puede distinguir la fantasía de la realidad			
Muestra independencia			

¿Qué hago si identifico una necesidad en esta área?

Si cuentas con los servicios de un trabajador social en la escuela o centro preescolar, esa va a ser una de tus primeras alternativas siempre. Él hará un análisis de la

26

situación y establecerá un plan de acción en beneficio del menor, en el que incluirá servicios de entrevistas, apoyo, coordinación y referido con otros profesionales, información de las etapas del desarrollo, entre otras áreas.

Pasitos de aprendizaje

Cuando escuchamos el concepto de salud mental sentimos que suena una alarma, ya que existen muchos prejuicios sobre lo que es y cómo se relaciona con nuestros niños. Comparto contigo la siguiente definición: «La salud mental en la infancia y niñez temprana se refiere a las primeras y tempranas relaciones del niño y su desarrollo social y emocional.» (Instituto de Salud y Desarrollo del Niño de Connecticut)

Cuando hablamos sobre salud mental en la niñez temprana, nos referimos a la capacidad de:

- Vivir relaciones cariñosas y receptivas con sus cuidadores
- Crear relaciones con los demás
- Explorar y aprender
- Comunicarse mediante el juego
- Expresar y controlar sus emociones

Quiero añadir a esto las cinco competencias del aprendizaje socioemocional (SEL) de *Collaborative for Academic, Social, and Emotional Learning (CASEL)*, las cuales se van desarrollando a lo largo de la vida y que podemos comenzar a trabajar desde las edades tempranas. Estas competencias son:

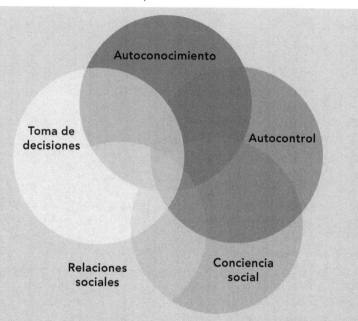

- **Autoconocimiento:** Consiste en identificar las emociones propias y aceptarlas, de manera que faciliten el logro de una autopercepción correcta en la que reconocen sus fortalezas y logran la autoconfianza (confianza en sí mismo) y autoeficacia (eficiencia personal). Por ejemplo, hay una película que me gusta usar mucho con los niños que se llama *Inside-out* (Al revés), la cual presenta las principales emociones tales como alegría, tristeza, miedo, ira y asco. Es una buena oportunidad para verla juntos y preguntarle al niño si en algún momento ha sentido este tipo de emociones y cómo las pudo manejar. De igual modo, podemos compartirle nuestros ejemplos en esas mismas condiciones. Así, el niño puede identificar cuando siente alegría, pero a la misma vez, desarrolla la capacidad de identificar cuando siente coraje o frustración y el evento que lo ocasionó.

- **Autocontrol:** Es la capacidad que adquieren los niños para controlar sus impulsos, manejar el estrés, autodisciplinarse, automotivarse, establecer metas y habilidades organizativas. Esta competencia está atada directamente con la anterior, ya que lo primero es reconocer la emoción para luego actuar. Pero, la misma película *Inside-out* te da ejemplos de la toma de decisiones positivas cuando sentimos, por ejemplo, coraje. La decisión que se toma al momento puede tener resultados negativos si la persona (o niño) no se autorregula. Una técnica de autorregulación puede ser contar del uno al diez para dar tiempo a que el coraje se vaya. También, la persona puede cerrar los ojos y respirar profundamente, y luego reconocer su emoción y las alternativas que tiene para resolver la situación. Por ejemplo: cuando a Sergio lo empujan, le da coraje y le grita a las personas. Un día, lo empujaron en su salón e iba a gritar, pero recordó lo que le dijo la maestra y optó por contar del uno al diez. Así, su emoción iba bajando de intensidad. Finalmente, le preguntó a una compañera sobre lo sucedido y cuando verificó, no había sido intencional. Fue que una compañera tropezó y sin culpa lo empujó.

- **Conciencia social:** Es aceptar y abrazar la diversidad, mostrar empatía, poder regular las emociones, pensamientos y acciones. Es cuando el niño puede reconocer sentimientos y perspectivas de otros, y similaridades y diferencias individuales y del grupo. Por ejemplo: Lucy no tiene mascotas, ya que no le gustan, pero cuando a Sully se le murió su perrito, Lucy abrazó a Sully para expresar lo que sentía por la tristeza de su amiga.

- **Relaciones sociales:** Es el establecimiento y mantenimiento de las relaciones interpersonales, poseer conciencia social, ser empático, aceptar y abrazar la diversidad, mostrar interés por comprender a los demás y voluntad para acercarse a otros y ayudarlos si lo necesitan. Así mismo, implica aprender tanto a escuchar como a pedir ayuda cuando es necesario. Es cuando el niño puede aplicar destrezas de manera responsable para lidiar con las situaciones sociales y escolares que enfrenta diariamente. Por ejemplo: Marta fue a comprar dulces a la tienda escolar y observó que Doña Luisa estaba sentada y llorosa. Marta se acercó y le preguntó qué le sucedía, y Doña Luisa le dijo que se sentía mal de salud. La niña salió corriendo a buscar a la directora de la escuela para ayudarla.

- **Toma de decisiones:** Es la evaluación responsable de decisiones, habilidad para trabajar en equipo, establecer y mantener relaciones positivas y saludables y manejar y resolver conflictos. Es la capacidad para evaluar las posibles consecuencias de nuestras acciones o comportamientos, además de la toma de decisiones basadas en valores y estándares éticos. Es cuando se demuestra capacidad para prevenir, manejar y resolver conflictos interpersonales de manera adecuada. Por ejemplo: William tiene que hacer una tarea grupal de la clase de inglés, y quería que su hermano gemelo, Marcelo, formara parte de su grupo. No obstante, la maestra lo integró con otro grupo. Al inicio, William estaba un poco tímido, ya que no conocía a los niños, pero luego de unos minutos se integró a su grupo y ayudó a identificar los objetos que la maestra les pidió que seleccionaran en la lámina, por lo que llegaron en primer lugar en el juego.

Área de habla y lenguaje

En el área de habla y lenguaje se espera que el niño tenga la capacidad de comunicar estados de ánimo, sentimientos, emociones y vivencias. También, el lenguaje le permite y facilita el relacionarse con otras personas y compartir información.

Como puedes observar, esta área está compuesta por dos palabras: habla y lenguaje. Estos conceptos no son lo mismo, aunque están íntimamente relacionados. La comunicación mediante el lenguaje se refiere al intercambio de información entre dos personas: el que lleva el mensaje y el que lo recibe. Así que, el habla es la forma que tu niño usa para comunicarse, utilizando el lenguaje con su voz para llevar el mensaje que desea comunicar. El habla es el medio, y la comunicación mediante el lenguaje es el fin o propósito que se quiere lograr.

Como parte de los indicadores de habla y comunicación, se espera que el niño pueda cumplir órdenes verbales simples y un poco más complejas, como por ejemplo, «puedes venir conmigo», o «necesito que me ayudes a recoger todos los juguetes y colocarlos en sus cajones». También, que pueda contar hasta diez o más y pronunciar correctamente la mayoría de las palabras. Otro indicador importante es que pueda nombrar todos los objetos comunes que son parte de su cultura, así como las partes de su cuerpo.

En el caso del hijo de Josefa, él tiene cuatro años de edad, habla bajito y, al pronunciar, los sonidos de las letras no son claros, por lo que sus familiares no entienden lo que dice. Para saber si en efecto el niño tiene un problema de habla, Josefa necesita visitar el pediatra para que le haga una evaluación y determine si necesita referirlo a otro profesional especializado en esta área, como un patólogo del habla. Yo recomendaría que visite un especialista en audiología previo a la evaluación de habla y lenguaje.

Recomendaciones para fortalecer el área de habla y lenguaje

Puedes aprovechar casi todas las actividades que hagas con tu niño para fortalecer esta área. Por ejemplo, cuando se está bañando, puedes pedirle que vaya nombrando las partes del cuerpo mientras se enjabona, o hacer el juego de las adivinanzas de las partes del cuerpo. De esta manera, le enseñas los nombres correctos.

Otro juego, ya para niños que han comenzado a trabajar con el abecedario, es el juego de veo, veo. Aquí te muestro un ejemplo del mismo:

- Veo, veo.
- ¿Qué ves?
- Una cosita.

- ¿Con qué letrecita?
- Con la «n».
- Nariz.

Por último, te recomiendo que coloques tarjetas con los nombres de los objetos y áreas de la casa. Por ejemplo, «reloj», «cama», «cocina», «baño». De esta manera, el niño se irá relacionando con las letras, las palabras y su significado.

¿Cómo puedo determinar si mi niño tiene necesidades de habla y lenguaje?

Instrucciones: Puedes marcar con una X en la columna que corresponda al indicador, de acuerdo a las experiencias observadas con el niño.

Indicador	Siempre	En desarrollo	Nunca
Habla con claridad			
Puede contar una historia sencilla usando oraciones completas			
Puede usar el tiempo futuro en sus conversaciones			
Puede decir su nombre y dirección			

¿Qué hago si identifico una necesidad en esta área?

Visita al trabajador social si tienes acceso a este. También, puedes hablar con la maestra si el niño se encuentra en alguna escuela o centro. De igual modo, puedes visitar a tu pediatra.

Pasitos de aprendizaje

Es importante siempre tener una evaluación física del pediatra antes de iniciar cualquier otra evaluación. Una vez el pediatra identifique si hay alguna necesidad, hará el referido al profesional correspondiente, ya sea el patólogo del habla o un audiólogo si identifica que el niño pudiera tener pérdida auditiva y por eso no pronuncia bien.

Área cognitiva

En el área cognitiva se encuentran los indicadores del aprendizaje de tu niño, su razonamiento y la capacidad de solucionar problemas. El aprendizaje es la capacidad que tiene para adquirir nuevos conocimientos y poder aplicarlos en su diario vivir. El razonamiento es lo que le permite hacer el análisis de esa información y que lo lleva a realizar acciones. Podemos ver el razonamiento cuando se enfrenta a algún problema y en las alternativas que identifica para solucionarlo.

Luis cursa el grado kínder, y su maestra le ha dicho a todos los estudiantes que cuando tengan alguna situación con un compañero, necesitan dialogar con ella o con la asistente. Un día, José tomó el dinero que Luis tenía para su merienda sin su permiso, y Luis le dio con su bulto. La maestra regañó a Luis por darle a José.

Este es un ejemplo de cuán importante es que los niños aprendan a tomar las decisiones correctas y a seguir los acuerdos o normas que son importantes para la convivencia. En esa situación correspondía que Luis le dijera a la maestra lo que pasó, para que ella dialogara con José. Este es un proceso de aprendizaje que a veces toma tiempo, pero es importante ser consistente en nuestras reglas en el hogar para que, cuando se encuentren en otros ambientes, se facilite la transición.

Recomendaciones para fortalecer el área cognitiva

Es importante exponer al niño a nuevas experiencias en las que aprenda mientras está haciendo alguna actividad. Por naturaleza, la mejor forma en la que aprenden es a través del juego. Podemos desarrollar actividades familiares en las que se integren juegos de diferentes tipos: bingo, pelota, dominó, *scrabble*, entre otros. Todo depende de la etapa y los conocimientos con los que ya cuente el niño.

Sabemos que en este siglo las nuevas tecnologías forman parte de las actividades de toda la familia, así que también podríamos identificar, por ejemplo, diferentes aplicaciones que ayuden a fortalecer esta área (como juegos que requieran trabajo en equipo y seguir instrucciones precisas). Otra alternativa es controlar el tiempo del uso de la tecnología. Lo importante es planificar y estar alerta a todas estas realidades para crear un balance.

Conozco familias que hacen competencias y torneos familiares del juego de dominó, por ejemplo. Así como también conozco otra familia que, para la fecha del inicio de cada año, llevan a cabo un juego de pelota en el que se integran todos los miembros de la familia, desde abuelos, hasta nietos.

Otra alternativa es que se integren a grupos de niños de su edad, tales como los Niños y Niñas Escuchas, centros preescolares, grupos de arte, de música, entre otros.

¿Cómo descubro las necesidades de mi niño en el área cognitiva?

Instrucciones: Puedes marcar con una X en la columna que corresponda al indicador, de acuerdo a las experiencias observadas con tu niño.

Indicador	Siempre	En desarrollo	Nunca
Puede contar hasta el diez (o más)			
Puede dibujar una persona con al menos seis partes del cuerpo			
Puede escribir algunas letras o números			
Copia triángulos y figuras geométricas			
Conoce el uso general del dinero			
Conoce la mayoría de las partes de su cuerpo (cabeza, piernas, brazos, etc.)			

¿Qué hago si identifico una necesidad en esta área?

Puedes ir al trabajador social, presentarle tu preocupación y compartirla con los maestros. También, debes llevar al niño a una evaluación pediátrica para asegurar que todo está bien. Finalmente, puedes ir a un sicólogo. Siempre recomiendo que se hagan las evaluaciones del pediatra, la vista y la audición antes de una evaluación psicológica. En ocasiones, dependiendo del análisis de la situación, refiero a un neurólogo para descartar aspectos en esta área, tales como epilepsia.

Pasitos de aprendizaje

El desarrollo en los niños está en una evolución continua, por lo que aquí comparto una tabla de las áreas de desarrollo: motor, cognitivo, lenguaje y social, que te ayudará a identificar en qué área del desarrollo se encuentra tu niño.

Tabla del desarrollo de los niños de cero a seis años
(adaptado de GuiaInfantil.com)

Área de desarrollo	0 - 6 meses	6 - 12 meses	1 - 2 años	2 - 4 años	4 - 6 años
Motor	Levanta la cabeza Se prepara para el gateo	Gatea Se pone de pie y da algunos pasos	Camina Aprende a subir escalones	Aprende a correr bicicleta o patineta	Salta, trepa con habilidad y le encanta bailar
Cognitivo	Atiende los estímulos visuales y sonoros	Tiene un juguete favorito Aumenta su independencia y curiosidad	Muestra más interés por libros y juguetes	Presta más interés por el dibujo	Perfecciona el dibujo, se viste solo, gana mas autonomía
Lenguaje	Se comunica a través del llanto y las sonrisas Balbuceo	Dice sus primeras palabras	Empieza a unir palabras, pero se equivoca con frecuencia	Su lenguaje es prácticamente perfecto, pero podría tener dificultad con algún sonido o tartmudear	Es capaz de expresar emociones y pensamientos
Social	Depende de familiares	Muestra más interés por los grupos	Va perdiendo el apego con sus padre y madre y busca jugar con otros niños	Es la época del «por qué» y de las rabietas	Disfruta de los juegos en grupo

Área motora y de desarrollo físico

El desarrollo físico está compuesto por grandes cambios en el desarrollo motor, tales como la adquisición de las habilidades motrices básicas: caminar, correr, saltar, escalar, trepar, lanzar y capturar, entre otras.

El desarrollo motor, donde los seres humanos adquieren una enorme cantidad de habilidades motoras, se lleva a cabo mediante el progreso de los movimientos simples y desorganizados, para entonces alcanzar las habilidades motoras organizadas y complejas.

Las habilidades motoras representan soluciones a los objetivos de los niños. Cuando ellos se sienten motivados a hacer algo, pueden crear un nuevo comportamiento motor. El nuevo comportamiento es el resultado de muchos factores: el desarrollo del sistema nervioso, las propiedades físicas del cuerpo y sus posibilidades de movimiento, la meta que el niño está motivado a alcanzar y el apoyo del entorno (*Premium Madrid, Global Health Care*, 2016).

En esta situación, podemos utilizar claramente el caso de Omar como un ejemplo de cómo se afectó su desarrollo motor, ya que desabotonar su pantalón es una habilidad que se desarrolla como parte de su proceso de independencia. Estas destrezas se van adquiriendo a partir del desarrollo y exposición a diferentes estímulos.

Sabemos que Omar, su padre y su madre no conocían la importancia que tenía el desarrollo de esta destreza. El resultado de que no se desarrolle es que otras destrezas a su vez se afectan, así como también su proceso de aprendizaje general.

Recomendaciones para fortalecer el área motora y de desarrollo físico

En muchas ocasiones nuestros chicos parecen un torbellino, pues un niño feliz siempre está en movimiento, subiendo y bajando sin dirección. Esto es parte de su naturaleza y desarrollo, ya que los niños desarrollan habilidades físicas en un orden. Por ejemplo, primero gatean, después caminan y luego corren.

Es por esto que te recomiendo ayudarlo a fortalecer esas habilidades con las siguientes actividades: empujar objetos como una caja, halar una soga, caminar por el patio o el parque, lanzar y atrapar bolas, trepar en áreas desarrolladas para esto, como las conocidas con el nombre de *rapelling*, por darte algunos ejemplos. De esta manera podemos reintegrar esas actividades, como trepar árboles, que se han perdido en ocasiones por el extremo cuidado o sobreprotección de nuestros niños.

Es bueno hacer un balance en este sentido. También, pueden realizar actividades como mantener el equilibrio al caminar en una línea recta. ¿A qué niño no le gusta hacer una carrera? Pues este es el momento de coordinar una carrera familiar, y hasta pueden jugar a dar saltos de «enano y gigante» (juego). En las vacaciones de verano, promueve actividades de natación y en las que pueda mover sus pies en el agua (*Babycenter*, 2019).

Te recomiendo continuar exponiendo y promoviendo a tu niño a participar en diferentes actividades. Por ejemplo, la página electrónica Nueces y Neuronas (2017) de la

Dra. Sandra Cid Sillero, ofrece algunos consejos para lograr una escritura eficaz en los niños, ya que este es un proceso que se va desarrollando poco a poco:

Dibujar con diferentes materiales, tales como arena, pintura de dedos, uso de brochas, pinceles y crayones de diferentes tamaños (unos más gruesos al inicio).

- Pintar, recortar, hacer pasatiempos de laberintos y unir puntos de números.
- Hacer trazos verticales, horizontales, circulares, etcétera.
- Enseñar al niño a agarrar correctamente el lápiz, cómo sostenerlo y deslizarlo sobre el papel. Inicialmente se logra con un lápiz grueso, y luego podemos ir utilizando los más finos.

¿Cómo descubro las necesidades de mi niño en el área motora y de desarrollo físico?

Instrucciones: Puedes marcar con una X en la columna que corresponda al indicador, de acuerdo a las experiencias observadas con el niño.

Indicador	Siempre	En desarrollo	Nunca
Se para en un pie por diez segundos o más			
Brinca y puede avanzar dando saltos cortos, alternando entre un pie y el otro			
Puede hacer volteretas			
Usa tenedor y cuchara para comer, y en ocasiones también un cuchillo			
Puede ir solo al baño			
Se columpia			
Puede trepar			

¿Qué hago si identifico una necesidad en esta área?

Si luego de leer y analizar los aspectos del desarrollo físico y motor de tu niño, quisieras estar seguro de que está de acuerdo a lo esperado en su edad, puedes recurrir a los siguientes recursos.

Visitar a tu trabajador social, ya que además de escuchar tus preocupaciones y ofrecer apoyo, puede conectarte con otros profesionales.

42

También puedes ir a tu pediatra y presentarle tu preocupación, para que haga su evaluación y determine si, en efecto, tu niño se encuentra entre los parámetros esperados. Si no es así, puede referirte a otro profesional, el cual probablemente estará en el área de sicología. Las evaluaciones sicológicas contienen áreas que se relacionan con las destrezas motoras, y a su vez, te recomendarán una evaluación en terapia física o terapia ocupacional, por ejemplo.

Pasitos de aprendizaje

Entre las recomendaciones del CDC (2019) se incluye la de estar alerta cuando nuestro niño:

____ No expresa una gran variedad de emociones
____ Tiene comportamientos extremos (demasiado miedo, agresividad, timidez o tristeza)
____ Es demasiado retraído o pasivo
____ Se distrae con facilidad y tiene problemas para concentrarse en una actividad por más de cinco minutos
____ No le responde a las personas o lo hace de manera limitada
____ No puede distinguir la fantasía de la realidad
____ No cuenta con una variedad de juegos y actividades
____ No puede decir su nombre y apellidos
____ No usa correctamente los plurales y el tiempo pasado
____ No habla de sus actividades o experiencias diarias
____ No dibuja
____ No puede cepillarse los dientes
____ No puede lavarse y secarse las manos
____ No puede desvestirse sin ayuda
____ Pierde habilidades que había adquirido

Ya descubrimos a tu niño. Y ahora, ¿qué?

Recuerdo aquel día cuando encontré a Carmen sola, llorando frente a la biblioteca escolar, cubriendo su rostro con sus manos. Esto ocurría debido a su frustración al no lograr que su hijo Freddy permaneciera dentro del salón y, en vez, saliera corriendo por toda la escuela. Carmen tenía una mezcla de emociones como vergüenza, tristeza, coraje y hasta sentía que ella era culpable de lo que le pasaba a su hijo. Esta situación le causaba angustia por la seguridad de Freddy, además de afectar su aprendizaje, ya que no realizaba las tareas.

En ese momento coloqué mi mano sobre su hombro suavemente y le dije, «estoy aquí para ti, no estás sola». Ella lloró aun más, por lo que le di tiempo para que pudiera manejar esa mezcla de emociones. Después, nos fuimos a mi oficina, donde me habló de la frustración que sentía al ver que ya el semestre estaba por terminar y no lograba que su hijo siguiera las instrucciones que se ofrecían en la escuela y en el hogar. Era un reto poder hacer las tareas.

Esta historia muestra la realidad que viven muchas madres y padres cuando sus hijos inician la escuela, ya que en ese espacio es que se requieren unas destrezas sociales que faciliten su transición y aprendizaje. Ahora bien, ¿cuándo debemos buscar ayuda? ¿Por dónde debemos comenzar? Las contestaciones a estas preguntas dependen de las necesidades que presente tu niño y la disponibilidad de servicios a tu alcance.

Usando como punto de partida la situación presentada, el niño estaba matriculado en una escuela que contaba con diferentes programas y profesionales: programa de educación de corriente regular (para todos los niños), programa de educación especial (para niños en los que se identificaron algunas necesidades educativas), una biblioteca que ofrecía servicios de proyectos especiales integrados a las clases y apoyo en las tareas y los servicios de una trabajadora social con especialidad en familias y niños.

También, contaba con un componente de profesionales que ofrecía terapias a niños con necesidades en las áreas de habla y comunicación, terapia ocupacional, terapia sicológica y contaba además con servicios de alimentos (desayuno y almuerzo).

En muchas ocasiones, como trabajadora social, resulta necesario brindarle tiempo y espacio a la madre o padre para que maneje sus pensamientos, emociones y acciones ante esta información que se le presenta. Son muchas las presiones y emociones con las cuales necesita lidiar, incluyendo el estigma y prejuicios de los que son víctimas muchos niños y adultos con diversidad funcional.

En ocasiones, comparaba este proceso por el que atravesaban los padres y madres con las etapas del manejo del duelo, presentadas por la siquiatra Elizabeth Kubler Ross en 1969: negación, ira, negociación, depresión y aceptación.

Por ejemplo, veía la negación cuando la maestra citaba al padre o la madre y le presentaba que su hijo no lograba leer o comprender lo que leía. Ellos buscaban razones para justificar esta acción, como por ejemplo, «pero es que en nuestra casa él lee», lo cual podía ser cierto, pero la destreza que necesitaba medir la maestra era la que no se estaba logrando. Además, esto presentaba una amenaza contra su hijo y frustración para ellos, ya que como dije al principio, nuestra expectativa es ver los éxitos y brillo de nuestros niños cuando van a la escuela, no contar con frustraciones y eventos tristes.

En otras ocasiones identificaba coraje contra la escuela, algunos de nosotros, Dios, o cualquier otra cosa que ayudara a justificar la situación. Por ejemplo, tuvimos situaciones donde recibimos descargas verbales cargadas de sentimientos de frustración y de ira a la vez. Como yo lo entendía, buscaba la manera de validar esos sentimientos que sabía eran temporeros y que más adelante terminarían hasta con una disculpa, como me ocurrió en más de una ocasión.

En cuanto a la etapa de depresión, la podía ver cuando llegaban los resultados de las evaluaciones. Esa etapa estaba impregnada de desesperanza y tristeza, muchas veces ante cómo se iba afectando el desempeño académico mientras lográbamos conocer cuál era el problema.

La etapa de negociación se da, por ejemplo, cuando ya se superó la negación y la ira, y la persona comienza a buscar alguna solución, las cuales posiblemente se ofrecieron al inicio. Por ejemplo, a veces regresaban a solicitarme ayuda para identificar algún sicólogo o pediatra e iniciar ese proceso.

Finalmente llegaba la aceptación una vez teníamos todo claro, sabíamos las razones por las que se afectaba el aprovechamiento académico de su hijo y la madre o el padre entendía estos resultados, a la vez que identificábamos alternativas para trabajar en equipo.

Partiendo de que cada niño es diferente, al igual que sus necesidades y fortalezas, así mismo puedo decir que la forma en la que afrontamos estas situaciones varía de persona en persona. Es por esto que mi mensaje es el siguiente: tienes derecho a expresar tus emociones y sentimientos ante la situación que vayas a enfrentar, y nadie debe decirte cómo debes sentirte, ya que esto es algo muy individual.

No tienes que sentir como sienten otros, y no tienes que ser como otras personas. Todos tenemos maneras diferentes de manejar nuestras emociones y sentimientos, y necesitas tiempo y espacio para hacerlo. Así que, cuando lo necesites, es tu derecho.

El proceso de fortalecimiento de los padres para trabajar con el manejo de situaciones que no se habían considerado, toma tiempo. Internalizar que esto que ahora veo como una limitación o reto para mí y para mi niño eventualmente se transformará, y que el chico contará con mayores fortalezas, no es inmediato.

Regresando a la situación de Carmen, ya se había iniciado el proceso de identificación de necesidades de fortalecimiento de su hijo, pero las estrategias que se habían utilizado no estaban funcionando del todo. Ella todavía no estaba lista para llegar a la etapa de aceptación, la cual ocurre una vez admitimos que algo está sucediendo.

Como parte de esta etapa, Carmen nos solicitó ser voluntaria para colaborar en la escuela y estar más cerca de su hijo, en especial por la cuestión de su seguridad, ya que le preocupaba que en una de esas salidas del salón, o durante el periodo de almuerzo le ocurriera algo. Aunque sabíamos que esa tal vez no era la mejor solución, le dimos ese tiempo para sobrepasar este proceso.

En aquel momento su hijo solo recibía los servicios del programa regular, y para poder participar de los otros servicios, había un proceso de referidos, evaluaciones y discusiones con el equipo de trabajo para finalmente establecer un plan.

Estos procesos de identificar necesidades y ofrecer servicios toman bastante tiempo. Tuve situaciones que me podían tomar un año, y otros, hasta más de ese tiempo. Todo depende de la complejidad de la situación y de la disponibilidad de servicios.

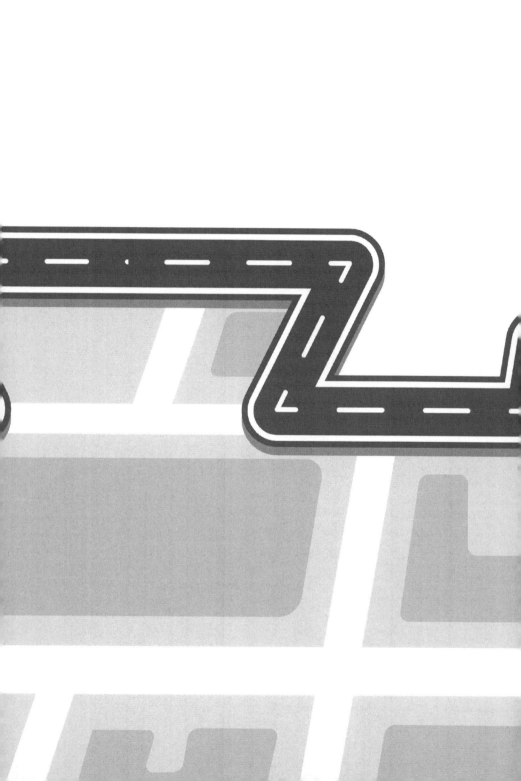

Parte #2:

Y ahora, ¿qué hago con mi niño?

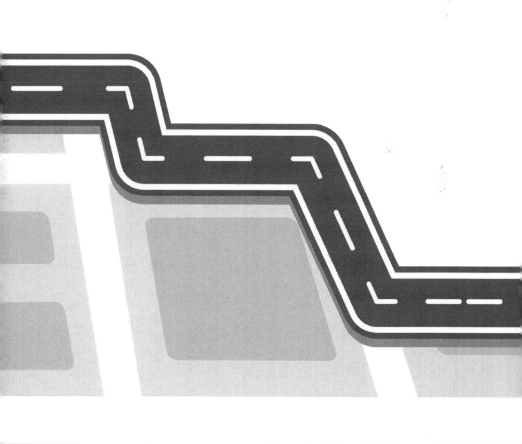

Comencemos la ruta al éxito escolar

Quiero compartir contigo la metodología llamada AprendÉxito, la cual desarrollé durante todos estos años en mi trabajo con niños en etapa pre-escolar y escolar, cuando comenzaban a enfrentar retos en ese proceso de transición. AprendÉxito facilita la identificación de sus fortalezas y de las capacidades que se encuentran en desarrollo y que requieren atención especial. Así, las acciones se pueden dirigir hacia el cumplimiento de las expectativas educativas del niño y las de su familia.

Esta metodología está fundamentada en la Convención sobre derechos de los niños de UNICEF, ya que, para el trabajo social, los aspectos de derechos humanos son muy importantes:

- Derecho a la supervivencia y a la salud
- Derecho a la educación
- Derecho al juego
- Derecho a la protección
- Derecho a no ser separados de sus familias
- Derecho a tener un nombre
- Derecho a opinar y ser escuchados

Otro elemento importante de esta metodología es la integración de los aspectos biosicosociales, en los que se integran otros profesionales. Los aspectos biosicosociales son parte de un modelo muy utilizado en las diferentes disciplinas, lo que nos permite ver y analizar a las personas en una forma holística (completa, no desde una sola dimensión). Los aspectos biosicosociales se dividen en las siguientes áreas:

- Biológica (salud física)
- Sicológica (pensamiento y aprendizaje)
- Social (relaciones)

Para conocer cómo se encuentran los niños en cada una de estas áreas, otros profesionales se integran al proceso de evaluación. Por ejemplo, en el área biológica, se integra a un pediatra para conocer la situación de salud física del niño. En el área sicológica se integra a un profesional en este campo, y a la trabajadora social en los aspectos de las relaciones del niño y su medio ambiente. Se pueden integrar otros profesionales en cada una de estas tres áreas dependiendo de las situaciones, como por ejemplo: neurólogo, terapista ocupacional, entre otros.

En este libro adapto esta metodología para ti, de manera que te sirva como una guía para apoyar a tu niño, especialmente si deseas asegurar que se encuentra listo para entrar al proceso escolar. AprendÉxito sirve para cualquier etapa del desarrollo, incluyendo en la adultez.

Es importante aclarar que, posiblemente, en el centro educativo de tu niño no cuenten con una metodología como esta, por lo que es una gran oportunidad para que le facilites esta información al personal escolar. Lo importante es dar ese primer paso a la transformación de los procesos por el bienestar de tu niño, así como de otros. Pero ¿qué es AprendÉxito? Es un procedimiento que conlleva una serie de pasos, los cuales a su vez establecen las actividades que necesitas llevar a cabo para llegar a ese resultado que deseas. Además de estos pasos, hay otros componentes que son la columna vertebral de la metodología y que te ayudarán a seguirla. Son aspectos que necesitarás fortalecer como madre, padre o encargado para tener éxito junto a tu niño, ya que es un trabajo en equipo.

Antes de ir a los pasos de la metodología, necesito tu compromiso para llevar a cabo este procedimiento. En otras palabras, quiero que aceptes trabajar con esta metodología porque crees en ella y deseas lo mejor para tu niño. Esto requiere tu compromiso de iniciar y terminar este proceso, conociendo que en la ruta pueden surgir momentos que nos ponen a prueba.

Para que esta ruta sea más llevadera, te deseo el poder de la fe. De la fe proviene la esperanza de lograr un mejor futuro para tu niño, ya que esta ha sido mi brújula. La fe fortalecerá tu mente y te dará el poder que nadie podrá quitarte: la esperanza de que detrás del horizonte te espera el éxito. Visualiza siempre en tu mente cuál es la imagen que deseas tener al finalizar nuestro trabajo. A través de este libro, me tendrás como aliada, y no estarás solo.

También, te deseo el poder de la persistencia. Este poder te brinda perseverancia, la cual me ha ayudado a alcanzar la meta con mis estudiantes. La persistencia te permitirá continuar identificando alternativas, y te ayuda a tener mayor capacidad de resistencia. Es como los atletas que corren maratones largos con la energía necesaria para llegar a la meta, a pesar de que la carrera incluya obstáculos o barreras.

Por último, necesitarás el don de la comunicación asertiva. Con esta, podrás comunicar la necesidad de tu niño de forma clara y precisa, al grano. Por ejemplo, podrás decir, «buenos días, doctor. Agradezco mucho el servicio que le ofrece a mi chico. Este año él inicia la escuela, por lo que me gustaría saber que llegará listo para aprender. Por esto lo he traído donde usted, para asegurar que se encuentra bien de salud, y además, que puede ver bien ».

La comunicación asertiva será lo que te abrirá las puertas al entendimiento con otras personas, a las cuales necesitarás comunicarle la necesidad de tu niño de la manera más clara posible. Muchas personas aparentan escuchar, pero no comprenden las necesidades. Por esto, siempre presento de manera concreta cuál es mi necesidad, y te recomiendo que lo practiques con las necesidades de tu pequeño. Nadie mejor que tú sabe lo que él necesita.

En cuanto a los referidos, para que el referido se envíe a otra persona, como madre o padre debes consentir su contenido y envío, ya que ahí se va a expresar parte de lo dialogado en la entrevista con el trabajador social. El pediatra también te puede dar referidos para otros profesionales. Por ejemplo, si identifica que el niño no ve bien, lo referirá a una evaluación visual. Sin embargo, ya que mi metodología se basa en la prevención, si él no te los ofrece, le vas a solicitar los que sean necesarios.

Ahora, te voy a presentar la ruta AprendÉxito para padres, madres y encargados. Permíteme caminar este viaje contigo, paso a paso.

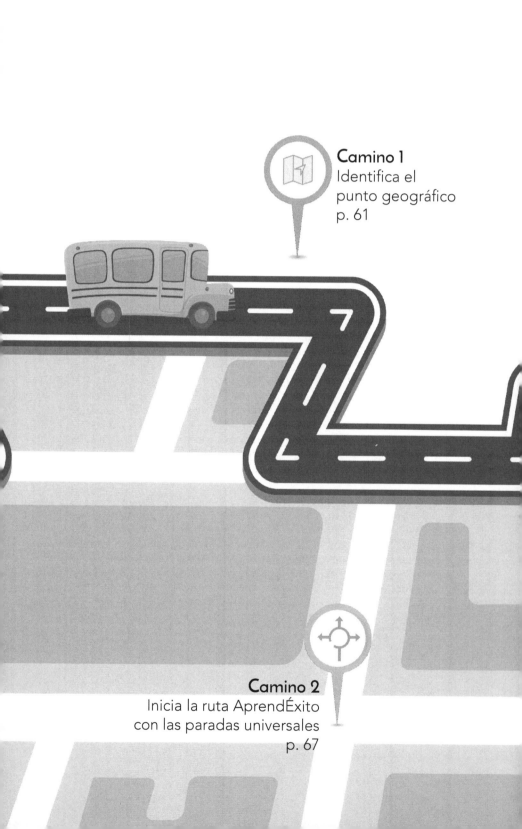

RUTA AprendÉxito

Camino 3
Analiza la ruta
AprendÉxito recorrida
p. 73

Camino 5
Punto de llegada de la
ruta AprendÉxito
p. 89

Camino 4
Delinea tu ruta
personal AprendÉxito
p. 81

Camino 1:

Identifica el punto geográfico

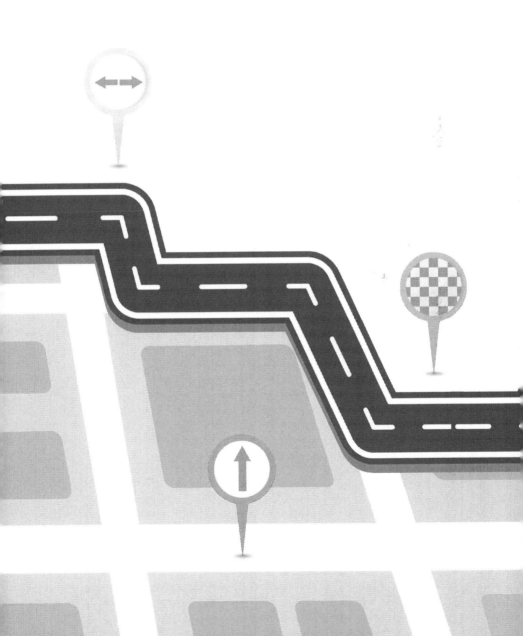

En esta fase vamos a identificar dónde se encuentra tu niño en el mapa del desarrollo, para iniciar la ruta AprendÉxito. Todas las anotaciones de los diferentes pasos las puedes hacer en una libreta que separes para esto, o en el anejo *Mi tabla AprendÉxito*.

Paso 1: Referido o preocupación

Esta etapa inicia con un referido o preocupación, ya sea por parte tuya, de algún familiar o de algún profesional que atienda a tu niño, como por ejemplo, la maestra. Te invito a responder las siguientes preguntas.

- ¿Cuál es la preocupación que tengo o que me traen sobre mi niño?

_____
_____
_____
_____

- ¿De quién o quiénes surge la preocupación?

_____
_____
_____
_____

- ¿Cuándo se identificó?

_____

_____

_____

_____

- ¿Cómo afecta esto a mi niño?

_____

_____

_____

_____

- ¿Qué resultados tiene esta situación en mi niño?

_____

_____

_____

_____

- ¿Qué resultados podría tener si no atiendo esta preocupación?

_____

_____

_____

_____

Paso 2: Organiza el expediente y añade información

Para el segundo paso, te invito a que comencemos a or-
ganizar un expediente del niño. Lo puedes hacer con un
cartapacio o sobre que tengas en tu casa. Incluye todos los
documentos que tengas disponibles, como por ejemplo:
acta de nacimiento, seguro social, documentos de salud,

documentos escolares como calificaciones, entre otros. Si el niño se encuentra en algún sistema educativo, busca todos sus informes, desde que comenzó hasta el presente.

Además, en este paso te invito a que añadas información utilizando los cuestionarios de los indicadores del desarrollo y el anejo de historial que incluí al final del libro. Añade otra información que entiendas necesaria, así como preguntas adicionales que surjan.

Paso 3: Analiza y escribe lo que entiendes es el problema (preocupación)

A mí particularmente no me gusta usar el concepto «problema», prefiero llamarlo «preocupación». Pero sé que es más fácil identificarlo usando el concepto «problema». Pero antes de analizarlo, vamos a definirlo.

El problema se refiere a la diferencia que existe entre la situación actual representada en la preocupación o referido versus lo que ustedes como familia, incluyendo a tu niño, esperarían que fuera.

Para lograr identificar con precisión el problema y sus causas, necesitamos obtener información relevante al mismo para identificar posibles alternativas para resolverlo. Vayamos a la búsqueda de información relevante a ese problema o preocupación.

Camino 2:

Inicia la ruta AprendÉxito con las paradas universales

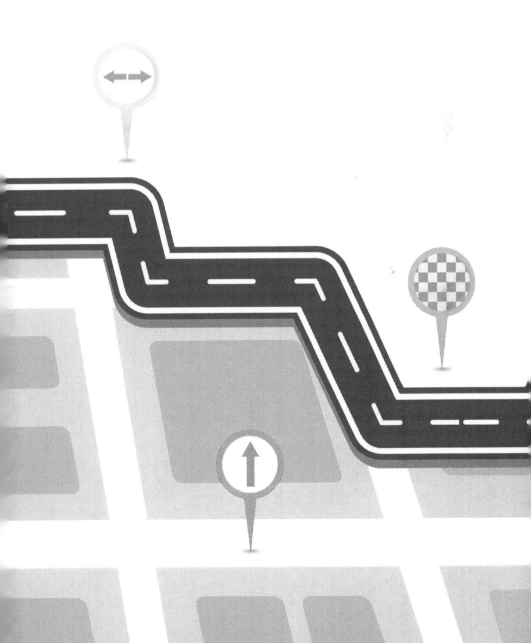

¿Dónde inicio la ruta? Sé que esta es la pregunta que viene a tu mente, ¿por dónde comienzo para ayudar a mi niño? Mi primera recomendación es que sigas cada uno de estos pasos de la ruta AprendÉxito, de manera que podamos lograr llegar a la parada final por la ruta correcta. Mientras vamos haciendo el recorrido, trazaremos la ruta e irás anotando lo que ocurra, incluyendo fechas, paradas y dudas.

Paso 1: Paradas universales

Vamos a iniciar la ruta AprendÉxito con las tres paradas universales: pediatra, audiólogo y optómetra. Sugiero que coordinemos la fecha de la primera parada de esta ruta, la cual será la cita con el pediatra. Una vez terminemos con la evaluación pediátrica, vamos a coordinar la segunda parada, que es la evaluación audiológica. Por último, vamos a coordinar la tercera y última parada de la ruta AprendÉxito, que es la evaluación visual. En el capítulo Estableciendo la ruta personal exploraremos a fondo las paradas universales.

Paso 2: Analiza la ruta

El segundo paso de esta etapa es analizar el resultado de las paradas universales. ¿Cuáles fueron los resultados de las evaluaciones? ¿Te dieron recomendaciones? ¿Obtuviste alguna respuesta a esas preguntas?

Anota las respuestas y tus preguntas o dudas.

_____

_____

_____

_____

_____

_____

_____

_____

_____

_____

_____

_____

Vamos a verificar si, con estos nuevos resultados, podemos responder algunas de las preguntas que nos surgieron en el camino #1. Dependiendo de tu respuesta vamos a tomar una decisión.

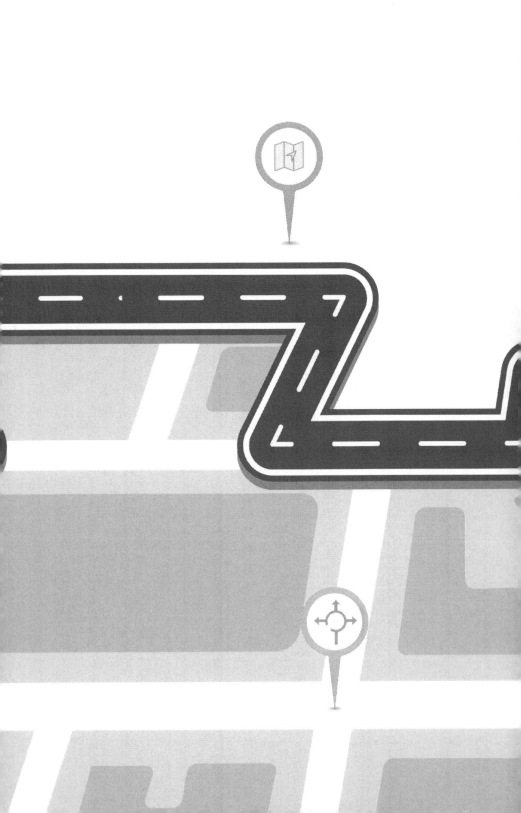

Camino 3:

Analiza la ruta
AprendÉxito recorrida

Paso 1: Analiza y responde

En este primer paso de la tercera fase, ya contamos con los resultados de las evaluaciones pediátrica, visual y audiológica y los anotaste junto con las recomendaciones en el anejo *Mi tabla AprendÉxito* o en tu libreta.

- ¿Cuál fue el resultado de cada evaluación: pediátrica, audiológica y visual?

_____
_____
_____
_____

- ¿Ofrecieron alguna recomendación que requiere acción inmediata? Por ejemplo, compra de una receta de espejuelos o audífonos.

_____
_____
_____
_____

- ¿Qué encontré en la ruta universal?

_____
_____
_____
_____

- ¿Qué todavía no entiendo o no me queda claro?

_____

_____

_____

_____

- ¿Cuáles son las fortalezas de mi niño?

_____

_____

_____

_____

- ¿Cuáles son las áreas o capacidades en desarrollo?

_____

_____

_____

_____

- ¿Cuáles necesitan atenderse con prioridad?

_____

_____

_____

_____

- ¿Tengo toda la información necesaria para tomar decisiones?

_____

_____

_____

_____

- ¿Cuáles fueron las recomendaciones?

_____

_____

_____

_____

- ¿Por qué estos resultados?

_____

_____

_____

_____

- ¿Tengo referidos adicionales?

_____

_____

_____

_____

- ¿Me recomendaron visitar algún profesional en particular y me dieron sus datos?

_____

_____

_____

_____

- ¿Pude aclarar mis dudas con los profesionales que evaluaron a mi niño?

_____

_____

_____

_____

• ¿Todavía hay algo que no me queda claro?

_____

_____

_____

_____

Intenta responder las preguntas que te surjan, ya que esto te ayudará a pasar al próximo paso que es la toma de decisiones, donde vas a evaluar las alternativas que tienes de acuerdo con los resultados.

Paso 2: Toma de decisiones

El segundo paso de esta tercera etapa consiste en decidir si terminamos la ruta AprendÉxito o si, por el contrario, debemos trazar las próximas paradas.

Y ¿cómo sabemos que decisión tomar? Para ayudarte en este proceso, te invito a leer sobre las próximas paradas: sicólogo, habla y lenguaje, terapia ocupacional y terapia neurológica.

En cada una de estas paradas narro una historia que se podría parecer a la de tu niño, lo cual te ayudará a seleccionar la próxima parada. También, te explico en términos generales qué esperar de este profesional y cómo puede ayudar a tu niño. Una vez termines de revisar todas la información, vas a elegir entre las dos alternativas: termino la ruta o continuo.

Alternativa 1: Terminaste la ruta

Si decides seleccionar esta alternativa, fue porque no te ofrecieron recomendaciones de evaluaciones adicionales, tratamientos o servicios terapéuticos en las paradas universales. En otras palabras, todo salió bien.

También puedes terminar la ruta si, por ejemplo, identificaron que lo que tu niño necesitaba eran unos espejuelos, los cuales ya se consiguieron y se resolvió la preocupación o problema. Por ejemplo, ya logra escribir todo y no deja las oraciones incompletas.

Alternativa 2: Continua la ruta

Ahora bien, decidimos continuar la ruta si nos ofrecieron recomendaciones específicas para realizarle una o varias evaluaciones al niño.

También podemos decidir continuar la ruta AprendÉxito luego de haber realizado las paradas universales, ya que, a pesar de que le recetaron espejuelos a tu chico (pensamos que ese era el problema) y después de estarlos usando por un mes aproximadamente, el problema por el que iniciamos la ruta continua.

Ahí te surgen nuevas preguntas, ¿si ya tiene los espejuelos, qué será lo que sucede? Por ejemplo, según mi experiencia, ante esta situación te recomendaría una visita a un psicólogo como la próxima parada. Estoy segura de que podría ayudarte.

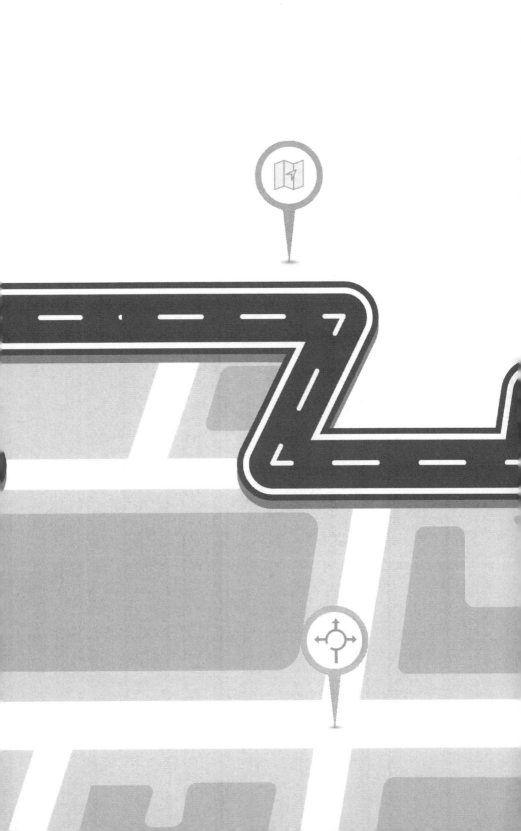

Camino 4:

Delinea tu ruta personal AprendÉxito

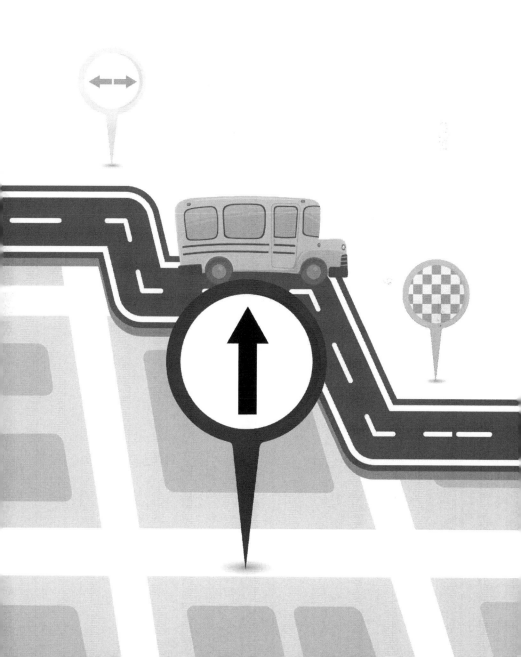

Si llegaste a esta fase, es porque identificaste que tu niño necesita continuar la ruta AprendÉxito. En esta fase vamos a seguir los siguientes pasos: identifico y escribo, establezco la meta y asigno un valor.

Te ofrecieron varias recomendaciones, por las cuales surgieron preguntas tales como, ¿cuál o cuáles son las paradas de la ruta AprendÉxito? ¿Por cuál parada vamos a empezar? ¿Dónde conseguiré a estos especialistas? ¿Cuánto me costara hacer cada evaluación?

Paso 1: Identifico y escribo

Tenemos a mano las evaluaciones de las paradas universales. Ese análisis te permite establecer las áreas de necesidades o capacidades en desarrollo del niño, así como las prioridades.

¿Cuáles fueron los resultados del camino #3? Vuelve a analizar todo: el referido, los documentos que tienes en el expediente y los resultados de las evaluaciones pediátrica, audiológica y visual.

¿Cuáles son las recomendaciones? Haz una lista en la tabla que incluyo en el anejo de *Mi tabla AprendÉxito* o anótalas en tu libreta. En el próximo paso, vamos a establecer las prioridades.

Paso 2: Establezco la meta

Para establecer el plan, necesitamos desarrollar una meta y responder algunas preguntas. ¿Qué quiero hacer? ¿Cómo lo quiero hacer? ¿Para cuándo lo quiero hacer? ¿Quién me puede ayudar a lograrlo?

Aquí te presento un ejemplo de una meta: quiero que mi chico pueda fortalecer su comprensión en la lectura mediante el apoyo de las terapias de habla y lenguaje y que su conocimiento continúe en desarrollo de acuerdo con su edad cronológica.

Escribe tu meta, o puede ser más de una.

Paso 3: Asigno un valor

¿Cuál parada hago primero? ¿Me recomendaron que hiciera alguna parada primero que otra?

Luego de anotar las recomendaciones ofrecidas en cada evaluación de las paradas universales, te invito a establecer el valor de importancia de cada una.

Por ejemplo, si tienes tres recomendaciones, las cuales podrían representar tres paradas adicionales a diferentes especialistas, vamos a decidir cuál la primera que debemos atender, la segunda y entonces la tercera. Vamos a escribir las razones para establecer este orden.

Paso 4: Identifico y coordino

Ahora, vamos a identificar los profesionales que nos pueden ayudar y a coordinar las paradas o visitas. ¿Dónde consigo a esos profesionales que me recomendaron? ¿Qué seguro medico tengo? ¿Qué alternativas hay en mi área geográfica?

Identifico

Primero, prepara una lista de posibles profesionales que provean esos servicios que te recomendaron. Vamos a comenzar identificando los servicios que están disponibles bajo los servicios de salud del estado o gobierno.

En segundo lugar, vamos a buscar la lista de proveedores de servicios de tu seguro medico, si este es privado.

En tercer lugar, identifica otras alternativas como las que tienen las universidades o instituciones de educación superior, así como también las organizaciones sin fines de lucro. Algunos ofrecen servicios a la comunidad de manera gratuita y de muy buena calidad.

Coordino

Repasa la recomendación cuando vayas a realizar la llamada o visita relacionada a la misma. Cuando te presentes, indica que tienes interés en coordinar una visita. Recuerda hacer todas las preguntas que tengas, como por ejemplo, ¿debe ir en ayuno? ¿Llevamos los espejuelos? ¿Cuánto tiempo toma la visita? ¿Debo llevarle alimentos?

¿Hace frío en el lugar? Previo a cualquiera de las próximas paradas, si se recomendó el uso de espejuelos o de audífonos, por ejemplo, es importante llevarlos.

• Lista de posibles profesionales recomendados:

_____
_____
_____
_____

• Lista de proveedores de servicios de mi aseguradora de salud:

_____
_____
_____
_____

• Lista de universidades, organizaciones sin fines de lucro y otras que ofrecen el servicio:

_____
_____
_____
_____

• Coordino:

_____
_____
_____
_____
_____
_____

Siempre regresa al anejo de *Mi tabla AprendÉxito* y realiza las anotaciones necesarias. Vayamos ahora a la última fase.

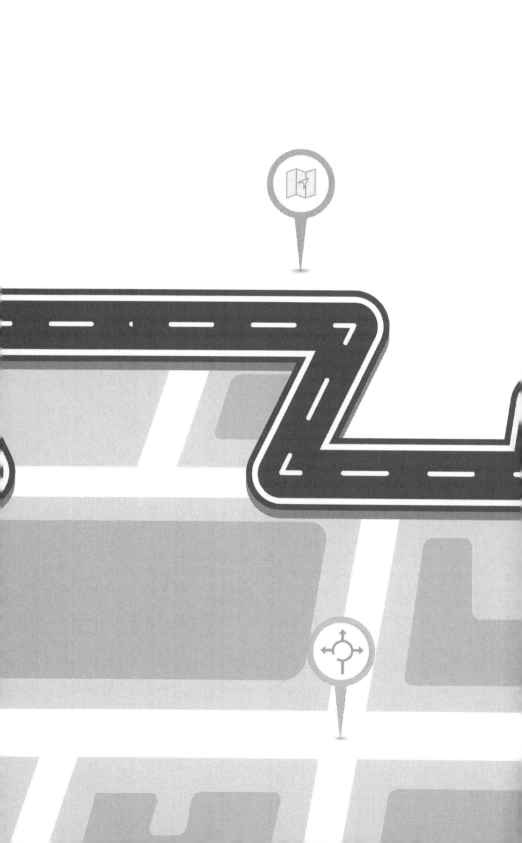

Camino 5:

Punto de llegada de la ruta AprendÉxito

En esta fase repetimos el análisis, luego de recibir las evaluaciones y servicios. ¿Ahora qué? ¿Se resolvió el problema? ¿Logré la meta? ¿Qué me falta?

Vamos a analizar los resultados de todas los caminos y paradas en la ruta AprendÉxito, comparando los cambios antes y después del recorrido. Dialoga nuevamente con las personas que se encuentran en contacto con el niño: maestros, terapeutas y otros, y pregúntales sobre sus observaciones. Dependiendo de cómo vaya progresando el chico, puedes identificar nuevas recomendaciones que podamos ir integrando en el proceso.

Paso 1: Evalúo los caminos y paradas de la ruta AprendÉxito

En este paso, vamos a revisar todos los caminos y sus paradas nuevamente. ¿Cuál era el problema? ¿Cuál fue la meta que desarrollamos? ¿Cuáles son los resultados de las paradas? Ahora nos preguntamos, ¿cambió la ubicación geográfica de mi niño en su mapa de desarrollo? Esperamos que sí, que su ubicación geográfica se vaya acercando a lo que aspiramos y a lo que él aspira.

Paso 2: Próximo paso

Si todo esta bien, ya que se cumplió la meta a cabalidad, terminamos la ruta. En algunas ocasiones necesitamos regresar a alguna de las paradas, pero tal vez sea una parada corta. Recuerda siempre mantenerte motivado y optimista, porque eso es esencial en esta ruta.

¡Adelante, vamos a lograrlo! ¡No te rindas!

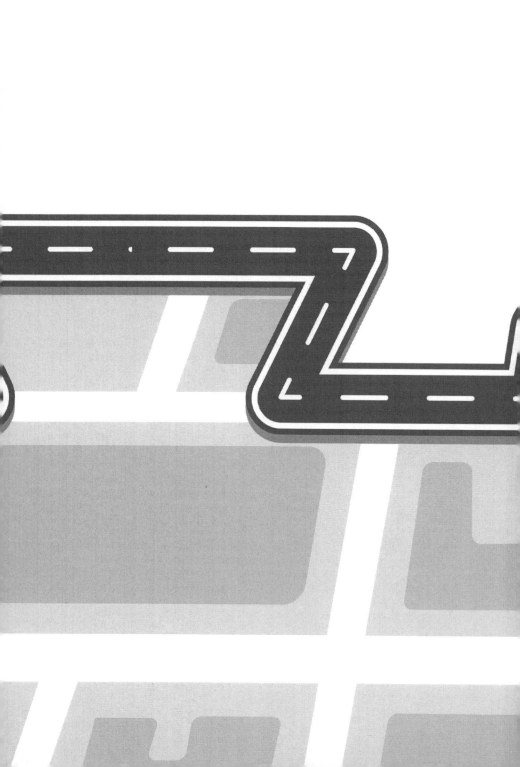

Estableciendo la ruta personal

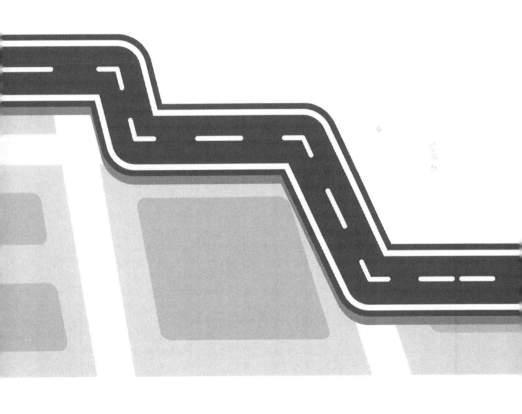

Tres paradas universales

Primera parada - evaluación pediátrica

La primera parada del camino para todo niño, sin importar su edad y las necesidades, es la oficina del pediatra o médico de cabecera. Te recomiendo que, siempre que sea posible, mantengas al niño con el mismo médico. Esto facilita que se lleve una cronología de su desarrollo, lo que permite hacer un mejor análisis de sus necesidades.

Esta es la primera visita, ya que antes de entrar a evaluar otras áreas, necesito saber que el área biológica (salud física) de tu niño se encuentra bien. Una vez nos aseguramos que disfruta de buena salud, podemos pasar a las próximas áreas.

Recuerdo a un estudiante llamado Joselo que, luego de varias visitas a su pediatra, y con el apoyo de otro especialista conocido como neurólogo (profesional de la medicina que se especializa en el sistema nervioso), logró identificar que el problema que tenía no era de déficit de atención (ADD), ni de «vagancia», sino que fue diagnosticado con una «crisis de ausencia en epilepsia».

Eso era algo que ninguno de nosotros pensamos que tenía y que afectaba su aprendizaje. A esto se añadió que también tenía hipoglucemia (azúcar baja en la sangre), la cual explico más adelante en esta misma sección.

La situación era que Joselo se encontraba en primer grado, y su maestra lo refirió porque su aprendizaje se encontraba muy por debajo del esperado. La maestra me dijo que este exhibía muy buena conducta en el salón, pero que sus relaciones interpersonales eran pobres, ya que apenas jugaba y se aislaba. A pesar de que aparentaba estar escuchando y observando todo lo que se presentaba durante el día, tenía problemas en la lectura, escritura y, muy en especial, en los procesos matemáticos.

Luego de las entrevistas, comenzamos el proceso de referido y evaluación, finalizando con el diagnóstico de crisis de epilepsia en ausencia. Fue mi primera experiencia con esa condición, y tuve que leer sobre lo que era, ya que la epilepsia que yo conocía era otra.

Esta crisis de epilepsia en ausencia se caracteriza porque el niño se queda en blanco durante algunos segundos, razón por la cual se perdía parte del proceso matemático y, por lo tanto, no podía obtener el resultado correcto.

De acuerdo con la página electrónica *Kids Health*, cuando ocurre esta crisis el niño puede quedarse mirando fijamente o parpadear de forma repetida, por lo que la maestra no se percataba de que el niño estaba en proceso de convulsión silenciosa. Si a esto le añadimos que las convulsiones pueden repetirse hasta 100 veces al día y con una duración de tres a quince segundos, ¿cuánto material educativo se perdía el niño?

¿Qué es la pediatría?

En ocasiones, pensamos que cualquier médico, por haber estudiado medicina, puede ser el mejor. Para una situación de emergencia estaría muy bien ir al médico que esté disponible, pero para atender el desarrollo de tu niño necesitas un profesional especializado en las diferentes dimensiones del desarrollo. Además de la preparación académica, la experiencia nos convierte en expertos en nuestras áreas de practica profesional.

La Academia Americana de Pediatría (AAP) tiene la siguiente definición: la pediatría es una especialidad de la ciencia médica relacionada con la salud física, mental y social de los niños desde el nacimiento hasta la edad adulta temprana. La pediatría se dedica a estudiar el estado de la salud del niño.

Los servicios que se ofrecen en este campo de la salud van desde los preventivos hasta el diagnóstico y tratamiento de enfermedades. Además, la pediatría es una disciplina que trata las influencias biológicas, sociales y ambientales mientras tu chico se va desarrollando. De acuerdo con la AAP, los niños son diferentes a los adultos en varias áreas: anatomía, fisiología, inmunología, sicología, desarrollo y metabolismo.

Por esta razón, mi recomendación es clara: la evaluación inicial debe ser por un pediatra, respetando las otras áreas de la medicina y entendiendo la importancia que tienen cada una de estas.

Por su parte, la AAP define al pediatra como un médico que se ocupa principalmente de la salud, el bienestar y el desarrollo de los niños y está calificado de manera única para estos esfuerzos en virtud de preparación académica y experiencia. Este profesional puede definir con precisión la salud de tu niño, servir como consultor y hacer uso de otros especialistas como consultores.

Los servicios del pediatra se ofrecen desde el momento del nacimiento hasta aproximadamente la mayoría de edad, la cual mayormente se alcanza a los dieciocho años, dependiendo del país y la cultura.

¿Cada cuánto tiempo debemos llevar al niño al pediatra?

Te recomiendo ir al pediatra, de manera preventiva, una vez al año como mínimo. Idealmente, esa visita debe ser durante los meses de junio y julio, previo al inicio de clases. No obstante, te aclaro que si le han recomendado algún tratamiento, lo debes llevar todas las veces en ese año que sea necesario.

Por último, un consejo bien importante es que nunca somos nosotros (padres, madres o encargados) quienes damos de alta de los tratamientos de salud a nuestros niños. Siempre es el especialista, en este caso el pediatra, el que nos dice cuándo se encuentra listo para ser dado de alta. ¿Qué puedo esperar en la evaluación médica pediátrica?

Una buena evaluación pediátrica incluye desde las cuestiones más básicas hasta las más complejas. En diferentes países, y representados por sus diferentes organizaciones tales como la Sociedad Española de Pediatría Extrahospitalaria y de Atención Primaria, así como de la Academia Americana de Pediatría, los pediatras integran el modelo del triángulo de evaluación pediátrica, el cual se divide en las siguientes tres áreas: apariencia, trabajo respiratorio y circulación cutánea.

Estas áreas, a su vez, cuentan con unos indicadores, a los cuales se les asigna una puntuación o valor, por lo que se espera que entre las tres exista un balance. A continuación, te presento un resumen de las mismas que te ayudará a entender mejor los resultados de la evaluación.

Apariencia

Esta es la primera área a evaluar, la cual inicia sin que tal vez te percates, ya que se lleva a cabo cuando el pediatra ofrece el saludo y recibe al niño. Esto ocurre como parte de la apertura de la evaluación médica y del saludo.

Esta área incluye varios indicadores: tono muscular, reacción, consuelo (llanto y calma), mirada y lenguaje. Para evaluar el tono muscular, por lo general el médico ofrece alguna instrucción para que tu chico lleve a cabo alguna tarea, como levantar el brazo o la pierna, entre otras áreas.

En el segundo indicador, que se refiere a la reacción, el médico evalúa si el niño se encuentra alerta a los estímulos en el ambiente, como por ejemplo, si le ofrece algún juguete y este extiende su mano para intentar tocarlo.

El próximo indicador que valora es el consuelo, ya que es normal que el niño llore mientras explora, pero se espera que luego se calme.

El cuarto indicador, y uno que considero muy importante, es su mirada. ¿Puede fijarla en la cara de las personas y en los objetos? Esto será lo que estará observando el pediatra: si al hablarle hace contacto visual, si localiza con su vista los objetos de la oficina, entre otras cosas.

Otro de los indicadores que valorará es el lenguaje. Este se observa cuando el niño logra mantener un diálogo a tono con su edad. Por ejemplo, el pediatra en muchas ocasiones le pregunta su nombre, edad, dónde vive, entre otros datos.

Trabajo respiratorio

En esta parte de la evaluación, el médico solicitará desabrochar o que retires la camisa del niño para poder observar el área del tórax, palparlo y escucharlo con sus instrumentos profesionales (estetoscopio). Los indicadores que evaluará serán los ruidos y los signos visuales. Los ruidos que no sean normales, como por ejemplo, gruñidos, pueden estar relacionados con alguna obstrucción en alguna área. También, la ronquera y el quejido cuando el niño exhale. Por último, intentará identificar «sibilancias» (sonido de pito o silbido al respirar) que, de existir, podrían estar vinculadas con alguna situación de salud.

Circulación cutánea

Por último, se llevará a cabo la evaluación de la circulación cutánea. Esta evaluación incluye los indicadores de palidez y cianosis (coloración azul de la piel, la cual se produce a causa de problema de oxigenación en la sangre). El color de la piel puede presentar signos de alguna condición de salud.

Una vez el pediatra evalúa estas tres áreas, podrá establecer si hay algún desbalance y, de ser necesario, recomendar algún otro estudio. Como parte de las áreas de rutina para completar la evaluación, el pediatra pedirá unas pruebas de sangre, orina, excreta y otras que considere necesarias. Es muy importante que realices esas pruebas, ya que las mismas permiten identificar condiciones de salud tales como hipoglucemia, diabetes, algún padecimiento de la tiroides, entre otras.

Muchas de estas condiciones, si no son identificadas a tiempo, pueden afectar adversamente el aprendizaje. Algunas afectan el estado de ánimo, nivel de atención y, por lo tanto, de aprendizaje. Por ejemplo, la hipoglucemia, la cual se caracteriza por la disminución de la cantidad de glucosa en la sangre, ocasiona mareos, visión borrosa, temblores, náusea, llanto, mala coordinación, pereza, respuesta errática a las preguntas y dolores de cabeza, entre otros síntomas. Estos síntomas definitivamente afectan la capacidad del niño para poder prestar atención a lo que está leyendo, a su análisis e interpretación.

Segunda parada - evaluación visual

Esta segunda parada del camino te llevará al especialista que evalúa la visión del niño para asegurar que esté listo para aprender. Recuerda que la vista es uno de los sentidos más utilizados en el proceso de aprendizaje. Esta parada es necesaria antes de pasar a los próximos pasos, porque la vista es esencial.

La vista es tan importante que se han identificado «aprendices visuales», o aquellos a quienes se les facilita el aprendizaje a través del uso de imágenes y gráficas. En mis clases, por ejemplo, siempre integro videos, imágenes y presentaciones en *PowerPoint*, y la retroalimentación que recibo de los estudiantes es que esas gráficas les facilitan entender mejor el material discutido.

El dato más importante es que aproximadamente el 65% de la población son aprendices visuales, pero más sorprendente aun, para los niños puede significar un 80% de su aprendizaje. Es por esta razón que en algunos territorios, como por ejemplo en el Departamento de Educación del estado de Kentucky en Estados Unidos, antes de comenzar en el jardín de infantes o *kindergarden* se les solicita a los padres que le realicen un examen visual al niño, además de la evaluación física y dental.

Todo esto me llevó a recordar a Lisa, que entró a *kinder* y su madre decía que ella se caía y tropezaba con objetos constantemente. Eso le provocó varios golpes cuando estaba más pequeña, y hasta le hicieron una investigación para descartar maltrato.

El examen visual reveló que tenía bastante perdida visual, con una condición que podría iría en aumento y que requirió de un tratamiento más intensivo. Una vez se atendió la necesidad de Lisa, dejó de caerse y de tropezar, y hasta un día me dijo que «no había visto lo linda que es mi maestra».

Hay unas medidas adicionales que podemos tomar para proteger la vista de nuestros niños, ya que nos encontramos en la era de la tecnología. La sobre-exposición de la vista a diversos tipos de pantallas puede generar serios problemas de visión. De acuerdo con la Academia de Optometría Americana y el portal electrónico de noticias Clarin Salud, ha surgido lo que se conoce como «síndrome de visión de informática» sobre el cual te recomiendo estar alerta para el bienestar de tus niños y tu familia en general.

Este síndrome se desarrolla por el efecto que tiene la exposición prolongada a pantallas luminosas a una distancia reducida. Los principales síntomas suelen ser: visión borrosa, fatiga e irritación ocular, dolor de cuello, sensibilidad a la luz, sequedad en los ojos, visión doble, mareos y dolores de cabeza.

En cuanto a la exposición que deben tener los niños para prevenir este síndrome, se recomienda no permitir que permanezcan más de dos horas frente a los artefactos electrónicos, inclusive frente a un televisor. Muchos de los televisores modernos traen las advertencias de la exposición a estos, y el periodo y distancia que se recomienda para utilizarlos.

Es cuestión de educarse y educar a nuestros niños. Esto aplica a todos, pero muy en especial a los menores de dos años. La Academia de Optometría recomienda la estrategia 20-20-20, lo que significa que cada veinte minutos nos retiremos por veinte segundos a veinte pies de distancia del artefacto electrónico.

¿Qué es la optometría?

El Consejo Mundial de Optometría, en un informe presentado en el 2010 por motivo de la celebración de sus noventa años, incluyó varios datos interesantes. Voy a compartir los tres que considero más importantes:

- El 80% de las situaciones de diversidad funcional visual (condiciones de la vista) pueden prevenirse. Entre las dos primeras causas de estos problemas se encuentran los errores de agudeza visual (refracción).
- Hay 285 millones de personas en el mundo que sufren de diversidad funcional visual y 39 millones que se consideran no videntes.
- Por último, plantean que muchas de estas situaciones podrían prevenirse con un examen visual a tiempo.

Ellos definen esta área de la medicina como una profesión de la salud visual, la cual tiene como fin prevenir, detectar y solucionar problemas visuales. Prestan especial cuidado al funcionamiento del sistema visual a cortas distancias, como la lectura, escritura y trabajos de precisión, entre otras actividades, por ser ahí donde se inician los problemas visuales. La visión es la capacidad para procesar la información del entorno, obtener un significado y comprender lo que se ve a través de los ojos.

Los exámenes visuales, de acuerdo con la Asociación Americana de Optometría, se recomiendan a los seis meses, tres años y antes de comenzar el primer grado escolar. Luego, se recomienda una evaluación anual que también debería ser previa al inicio del año escolar. Estos exámenes a temprana edad nos aseguran que tu niño se está desarrollando normalmente a medida que va creciendo y para cuando va a entrar a la escuela.

Para medir la agudeza visual, el optómetra hace evaluaciones y, si identifica alguna necesidad, puede recomendar recetas de espejuelos. A continuación, te comparto solo algunas de las condiciones visuales que pueden afectar la visión.

- **Miopía** - Se caracteriza por una visión borrosa de los objetos a distancia. Es una de las condiciones más comunes que se presentan en el sentido de la vista. Tener esta condición afectaría mucho el aprendizaje, ya que el niño no podría conocer e identificar las letras, y por ende, las palabras. Por ejemplo, si se realiza una prueba sicológica en un niño que tiene miopía, definitivamente el resultado de estas pruebas se altera. En esta condición se presenta dificultad para ver objetos lejanos, dolor de cabeza y enrojecimiento de los ojos.

- **Astigmatismo** - Provoca que las imágenes no se vean claras y se pueden ver deformadas. Por ejemplo, el niño puede ver que hay varias láminas, pero no puede ver con claridad todos sus detalles. Algunos síntomas son visión deformada, dolor de cabeza, fatiga visual y dificultad de visión nocturna.

- **Hipermetropía** - Generalmente se manifiesta mediante una visión borrosa cuando los objetos están cercanos. Por ejemplo, esto afectaría al niño cuando va a transferir lo que está escrito en la pizarra a su libreta. Algunos síntomas pueden ser dolor de cabeza, cansancio, estrabismo (ojos cruzados o bizcos), ardor y picor de ojos.

Tercera parada - evaluación audiológica

En muchas ocasiones partimos de la premisa de que nuestros niños escuchan bien, o como decimos en Puerto Rico, «que escucha lo que le conviene». Pero, existen diferentes tipos de pérdidas auditivas, algunas de las cuales pueden ser progresivas y de un mayor grado, afectando el aprendizaje. Por esto, es necesario hacerle alguna prueba de este tipo de manera preventiva y asegurarnos de que no es que «escucha lo que le conviene», si no que no escucha bien.

Particularmente, recuerdo dos situaciones en las que trabajé. Eran dos estudiantes con pérdida auditiva de la cual nadie se había percatado, ya que ninguno de los dos presentaba dificultades en el habla. La dificultad al hablar es uno de los signos de pérdida de audición más comunes. Uno de estos estudiantes, llamado Roberto, tenía once años, y su pérdida auditiva, a pesar de que no era tan profunda, sí requirió del uso de dos audífonos. La necesidad auditiva de Roberto se logró identificar gracias a una feria de servicios de salud que organizamos en la escuela.

En la otra situación, fue la maestra quien, mientras ofrecía la clase, observó que Valentina se sentaba inclinada hacia su lado derecho, lo que ella interpretó como la forma en que podía escuchar mejor. Cuando nos reunimos con la madre, le explicamos la preocupación de la maestra y ella indicó que no se había percatado de nada. Luego de hacer varios referidos, se identificó que ella había nacido sin una cóclea.

¿Qué es la cóclea? ¿Qué importancia tiene para la audición? La cóclea, conocida también como caracol por la forma que tiene, es uno de los órganos internos del oído. Como a Valentina le faltaba una cóclea, ella no escuchaba por ese oído. Por suerte, tenia audición por el otro, pero ya tenía pérdida por ese también.

Las alternativas para atender la situación de diversidad funcional auditiva en este caso eran diferentes. Entre las posibles soluciones se encontraba realizar un implante coclear o colocar un artefacto externo al oído, el cual ayudaba a realizar la función de la cóclea, pero estéticamente ese no le agradaba a la madre.

Ella estaba dispuesta al implante coclear, pero no cualificaba para esta alternativa por la poca pérdida auditiva que tenía por el otro oído, lo cual nos pareció irónico. No obstante, surgió una tercera posibilidad, la cual consistió en que la niña contara con un equipo electrónico que facilitaba maximizar el volumen de voz de su maestra, y así fue como logramos vencer este obstáculo. Te cuento que todo este proceso nos tomó un año o más.

¿Qué es la audiología?

La audiología es la rama de la medicina que estudia y trata los problemas y condiciones de los sistemas del oído, de lo que se escucha y cómo se escucha. También, previene, trata y rehabilita padecimientos del sistema auditivo. El audiólogo, por su parte, es el profesional encargado de evaluar e identificar si es necesario el uso de prótesis auditivas mediante el estudio que realiza, que se llama audiometría.El estudio de audiometría mide la capacidad para escuchar las ondas sonoras. Con este estudio se identifica si la pérdida es leve, media o grave. Basado en este resultado es que se recomienda el uso de audífonos.

La pérdida auditiva afecta entre uno a cuatro de cada mil niños. Las personas tenemos una audición biauricular (por ambos oídos), que está vinculada directamente con el área de habla y lenguaje. Por lo tanto, dependiendo del tipo de pérdida auditiva, el habla podría afectarse, y por ende, el aprendizaje. El niño escucha, memoriza y repite. Si no escucha bien, su vocabulario y desarrollo serán limitados.

Entre los síntomas de un niño que no escucha bien se encuentran los siguientes:

- No se percata de alguien que se encuentra fuera de su campo de visión cuando le está hablando.
- Se asusta al ver que lo han llamado, sin importar el nivel de ruido.

- Le gusta sentarse cerca del televisor, aun si este tiene un volumen adecuado.
- Sube el volumen de la radio y televisión de manera excesiva.
- No distingue las voces en el teléfono.
- No reacciona a sonidos fuertes.

Las causas de pérdida auditiva pueden ser por nacimiento (congénitas) o adquiridas. Estas últimas pueden adquirirse mediante enfermedades, infecciones prenatales y afecciones al momento de nacer.

Pérdida auditiva conductiva

Si observas que tu niño percibe los volúmenes como bajos aun si no lo son, y además tiene un tono de voz alto, debes llevarlo a evaluar su audición.

Una de las razones por las que esto podría ocurrir es la acumulación de cera (cerumen) en el canal auditivo, lo cual se puede resolver en el médico con lavados de oído en la frecuencia que este recomiende. También, podría ser causado por lo que se conoce como «oído del nadador» (otitis externa), que es una infección bacteriana que ocurre cuando el oído se queda húmedo después de bañarse o nadar.

En la pérdida auditiva de este tipo hay daño en el oído externo o medio, por lo que esta pérdida es mayormente temporal y puede tratarse en los niños. Lo importante es atender la situación a tiempo.

Pérdida auditiva neurosensorial

A diferencia de la anterior, esta pérdida auditiva puede surgir desde el nacimiento o puede desarrollarse mediante la exposición a sonidos altos y a medicamentos que afecten la audición. Tiene que ver con un mal funcionamiento del oído medio, específicamente en la cóclea o caracol. Este tipo de daño ocurre en el oído interno, es permanente y no se puede tratar con medicamentos y cirugía en la mayoría de los casos. Los audífonos y los implantes cocleares pueden ayudar, pero va a depender de la situación individual.

Pérdida auditiva mixta

Esta condición es causada por una combinación de factores, los cuales afectan el oído interno (cóclea), así como también el oído medio.

Evaluación de habla y lenguaje (si es necesario)

He tenido la oportunidad de acompañar a muchas familias con este tipo de necesidades, pero particularmente recuerdo dos de estas con mucho amor y esperanza. Mario tenía cinco años, y ya cursaba el *kindergarten*. Fue referido por la maestra, pues tartamudeaba.

Esta situación le presentaba varias dificultades, tales como frustración al querer participar en clase, ya que al tardar mucho en hablar, sus compañeros se reían de él. También, presentó dificultades para iniciar el proceso de escritura, ya que tener problemas de pronunciación se traslada a la escritura.

Comenzamos el plan y lo referimos, integrando todos los pasos descritos anteriormente en este libro (pediatra, evaluación visual y auditiva), añadiendo el referido para la evaluación de habla y lenguaje.

El niño no participó en el nivel preescolar, el cual ayuda a que se identifiquen estas situaciones a temprana edad. Además, en su familia habían varias personas con esta misma situación, y tenían la creencia de que esa tartamudez era una situación que no requería atención, pues ya la familia había normalizado esta situación.

Para terminar de contar la historia, el niño recibió terapia del habla durante seis años dos veces por semana. Este proceso fue largo y difícil, pero el éxito se observó durante la vida posterior de Mario, quien se convirtió en un joven muy talentoso y con mucho liderazgo.

La otra situación era la de una joven universitaria en una de mis clases quien, cuando se ponía nerviosa, comenzaba a tartamudear. Traigo este ejemplo para evidenciar la importancia que tiene la detección temprana, para que la persona no llegue a la adultez con esta situación, la cual pudiera afectar no tan solo su situación escolar, sino también el área social.

La primera vez que le ocurrió fue un tanto difícil para mí. Seleccioné una tarjeta y salió su nombre, por lo que le correspondía responder lo que habíamos discutido. Al ver que no respondía, y como me gusta usar el sentido del humor en mis clases, le dije, «Iris, ¿no me digas que se te olvidó tan rápido?» Y para mi vergüenza, no fue que se le olvidó, fue que se puso nerviosa y comenzó a tartamudear. Me preocupé, pues no asistió a las dos clases siguientes, pero eventualmente se integró y resultó ser una de las mejores estudiantes del curso.

¿Observas que tu niño se siente frustrado porque no lo entienden? De acuerdo con la revista *Psychology Today*, uno de cada diez niños posee diversidad funcional en el área de habla y lenguaje y, por lo tanto, la necesidad de recibir servicios de terapia en esta área es importante. Por su parte, el *Children's Healthcare* de Atlanta, en Estados Unidos, indica que la terapia de habla y lenguaje puede ayudar al niño a hablar más claro, para que se pueda sentir más seguro y menos frustrado al intentar que las personas lo entiendan.

También, la terapia les ayuda a fortalecer su lenguaje social, emocional y académico. Los niños con dificultades en el área de lectura mejoran su audición y logran distinguir los sonidos específicos en las palabras, lo que a su vez fortalece el área de lectura. Esta terapia es muy beneficiosa, en especial cuando se inicia a temprana edad. Dependiendo de la necesidad, puede durar desde meses hasta años, por lo que no es una solución rápida.

¿Quién es el profesional de patología de habla y lenguaje y quién es el terapeuta?

El patólogo del habla realiza la evaluación de habla y lenguaje. Antes de realizar esta evaluación en el niño, te va a recomendar que le realices una prueba audiológica, para así asegurar que escucha bien. De acuerdo con la Academia Americana del Habla, Lenguaje y Audición, esta evaluación incluye las siguientes áreas:

- **Lenguaje receptivo** - Lo que el niño entiende, en especial cuando le leemos un cuento. Podemos hacerle preguntas para conocer cómo se encuentra esta área del lenguaje.
- **Lenguaje expresivo** - La forma de comunicarse y si puede expresarse en oraciones completas.
- **Lenguaje pragmático** - Cómo usa el lenguaje socialmente. Por ejemplo, se observa si al hablar incluye el contacto visual, si presta atención a lo que dice la maestra y si puede tomar turnos para conversar.
- **Articulación** - Cómo pronuncia los sonidos del abecedario y de las palabras.
- **Examen de la boca** - Van a examinar los músculos faciales, sus labios, dientes, lengua, paladar y garganta mientras come y habla, ya que todo esto está vinculado al proceso de habla y comunicación. Por esto, también es importante la visita al dentista, ya que se pueden atender algunas necesidades antes de llegar a esta evaluación, o puede ser el mismo dentista quien te recomiende la misma.
- **Voz** - El tono, ritmo y volumen del habla, ya que podría hablar ronco o también en un tono muy bajo.

- **Fluidez** - Que cuente con fluidez en el lenguaje, donde su mensaje se expresa sin mayores interrupciones como tartamudeo, por ejemplo. También, incluye prestar atención a sonidos o palabras que se alargan, prestar atención a palabras repetitivas, titubeo y muletillas.

- **Alimentación y tragado** - Incluye observar su boca, al igual que la habilidad de sus músculos faciales para comer, chupar, masticar y tragar. También se observa la tolerancia a diferentes texturas en las comidas, si se atraganta y otras dificultades.

El terapeuta es quien ofrece las terapias a los niños, una vez son evaluados y se les recomienda el servicio. Estos profesionales pueden ayudar a resolver problemas del lenguaje, que incluyen dislexia (alteración de la capacidad para leer, ya que pueden confundir o alterar el orden de las letras, sílabas o palabras) o dispraxia (se relaciona con la falta o ausencia de coordinación de los movimientos, y suele ir acompañada de otras dificultades verbales y neurológicas).

Evaluación sicológica

Rosaura tenía ocho años y cursaba el segundo grado cuando nos sentamos con la abuela paterna, la cual tenía su custodia ya que su madre había fallecido al momento de su nacimiento, con el propósito de discutir los resultados de la evaluación sicológica. Ella participaba de los servicios del programa de educación especial, recibiendo servicios de apoyo educativos y diferentes terapias tales como habla y lenguaje, así como terapia ocupacional.

Se le realizó una revaluación en el área de sicología, ya que su última evaluación fue cuando tenia cinco años y queríamos saber si se observaban cambios en esta área durante ese periodo. Esta niña había repetido el segundo grado. Cuando vi la impresión diagnóstica en la evaluación, me ocasionó mucha preocupación por varias razones.

En primer lugar, me preocupó el estigma que se crea en muchas ocasiones con el resultado de las evaluaciones, y en segundo lugar, la interpretación que se le pueda dar y que afecte la ubicación educativa de la niña. La evaluación indicaba que el cociente intelectual de Rosaura se ubicaba en la categoría de «deficiente mental» bajo la clasificación de leve.

No obstante, analizamos bien la situación utilizando las observaciones de las maestras y algunos de los trabajos realizados por la niña, y decidimos establecer un plan de acción

a largo plazo. Un dato importante que comparto contigo es que, en muchas ocasiones, la impresión diagnóstica no es un diagnóstico final y, con la debida estimulación y el apoyo que se le brinde al niño, esto puede cambiar.

Una vez discutimos la evaluación, establecimos un plan de trabajo para apoyar a la estudiante que incluyó a su abuelita, la cual a pesar de no saber leer ni escribir, se encontraba disponible y dispuesta a colaborar y apoyar a Rosaura.

Acordamos entonces que la estudiante, después de sus clases, tomaría tutorías en un centro cercano a su hogar.

El centro era gratuito, y la abuelita la llevaría. Además, recibió acomodos razonables y la alternativa de salón recurso que forma parte del sistema educativo público de Puerto Rico, los cuales le ofrecían ayuda individualizada de lunes a viernes por un periodo de una hora. Para completar, recibiría sus terapias de habla y lenguaje, ocupacional y sicológica.

Este plan se llevó a cabo durante dos años y medio, con revisiones cada diez semanas. Tres años después, se hizo una revaluación en el área de sicología y ya se observaba una mejoría en su promedio académico. Cuando llegaron los resultados de la evaluación, hubo un cambio en esa impresión diagnóstica. Ya no leía «deficiente mental», sino que había cambiado a «problema específico de aprendizaje».

No obstante, como la evaluación no indicaba cuál su problema de aprendizaje específico, recomendaron una evaluación sicoeducativa. Más adelante te explico los diferentes tipos de evaluaciones en el área de sicología, así como otros datos importantes de este tipo de evaluaciones.

¿Qué es la sicología?

La Asociación Americana de Psicología nos dice que este campo profesional se encarga del estudio de la mente y el comportamiento. Incluye todos los aspectos de la experiencia de las personas, según el estudio de su desarrollo. Es la comprensión del comportamiento, en este caso de los niños, desde su nacimiento hasta la adolescencia, así como ofrecer los diagnósticos y tratamientos que sean necesarios durante el desarrollo. Incluye el estudio del desarrollo físico, motor, cognitivo, perceptivo, afectivo y social.

¿Qué tipos de evaluaciones sicológicas están disponibles para los niños?

De acuerdo con la Dra. Marilyn Rodríguez, sicóloga clínica, hay diferentes evaluaciones que se pueden realizar a los niños. Veamos cuáles son algunas de estas:

- **Evaluaciones sicológicas** - Aportan información importante sobre cómo el niño se desenvuelve y opera de acuerdo a su edad cronológica y lo que se espera en la misma. En estas evaluaciones se mide el coeficiente intelectual, que demuestra las habilidades cognitivas del evaluado en relación con otros niños de su edad. En muchas ocasiones, en este tipo de evaluación se identifican varias necesidades, las cuales requieren posteriormente de otras pruebas más específicas, como por ejemplo, en las áreas de habla y lenguaje, siquiátricas o neurológicas. Recuerdo que, en una ocasión, el informe de la evaluación sicológica de una niña incluyó lo siguiente: «Referido a siquiatra para R/O DDAH». En aquél momento no entendía esta recomendación, pero una vez me comuniqué con el especialista, descubrí que las letras R/O eran de rule out (en español, «descartar») un diagnóstico de déficit de atención con hiperactividad.
- **Evaluación sicoeducativa** - Está dirigida a conocer los factores y áreas que afectan el desarrollo escolar y académico de tu niño. Al igual que la sicológica, esta evaluación consta de varios métodos o procesos

de obtención de información que incluyen la entrevista al padre, madre o encargado y completar cuestionarios y pruebas que evalúan diferentes áreas del aprendizaje del niño, tales como la comprensión lectora, la memoria auditiva y la escritura, entre otras áreas. Con estos datos, el perfil del estudiante es mucho más claro y específico, lo que permite diseñar un plan específico con maestros y familiares del niño para potenciar sus capacidades y atender las áreas que requieren mayor apoyo, como bien podría ser la lectura o escritura. Al finalizar la evaluación, se discute y entrega un informe.

- **Evaluaciones sicométricas** - A través de este tipo de evaluación se puede conocer el potencial intelectual y personalidad del niño. En muchas ocasiones, este es el tipo de prueba solicitada por instituciones educativas como parte del proceso de admisión, para asegurar que los niños puedan cumplir con la carga académica y currículo que ofrecen. En especial, he observado que se solicitan en colegios que cuentan con currículos muy avanzados y que buscan agrupar niños con un cociente intelectual alto, ya que esto de alguna manera predice el éxito académico.

¿Qué necesito saber sobre las evaluaciones sicológicas?

Las pruebas sicológicas nos ayudan a conocer las causas y factores que causan el problema de aprendizaje, ya que estas pruebas a su vez se dividen en unas áreas más específicas. También, ayudan a conocer el sistema sicobiológico del niño mediante la entrevista a la madre o familiar, así como el análisis de documentos de salud. Después de todo esto, se establece un sicodiagnóstico, en caso de ser necesario, para finalmente preparar un plan de ayuda. Cuando se realizan evaluaciones en el campo de la sicología, además de la entrevista con la madre, padre o persona encargada, se integra la observación clínica del evaluador, el uso de cuestionarios y las diferentes pruebas, las cuales son seleccionadas de acuerdo a lo que se desea medir y la edad del niño. A partir de este proceso se pueden identificar otras áreas de necesidad particulares en las que se podría requerir profundizar, como en habla y lenguaje, terapia ocupacional y física, entre otras. Por ejemplo, una de las pruebas más utilizadas es la *Wechsler IV* para niños (WISC-IV), la cual busca medir la inteligencia o cociente intelectual de los niños. Esta prueba comprende la escala verbal y la escala de ejecución, las cuales a su vez se dividen en lo que se conoce como subpruebas, que miden áreas más específicas.

Una de estas áreas es la de comprensión verbal, la cual incluye vocabulario, semejanzas, comprensión, la capacidad que tiene el niño para adquirir y conservar la información, entre otras áreas. La mayoría de estas pruebas se hacen por un periodo de tiempo en el que se espera se pueda cumplir con todas las actividades que forman parte de la evaluación.

La prueba *Wechsler* también tiene el área de «memoria de trabajo», que mide la capacidad de retención y almacenamiento de información que tiene el niño. Por ejemplo, cómo usa la información y cómo puede generar más a partir de la adquirida y de ese aprendizaje. Por último, incluye el área de la velocidad de procesamiento de la información. Esta última tiene varias subpruebas: claves, búsqueda de símbolos y animales y se mide la capacidad de atención, de explorar, ordenar y discriminar información visual presentada por la sicóloga.

En una evaluación sicológica de uno de mis participantes, los métodos o partes de la evaluación incluyeron, además de la WISC, un historial sicosocial y de desarrollo del niño, observaciones clínicas de la sicóloga, la prueba de desarrollo visual *Motor Bender II*, prueba de matrices progresivas *Raven a Color*, pruebas de manchas de tinta *Rorschach* y prueba de oraciones incompletas, para un total de ocho.

Cada una de estas busca obtener información en diferentes áreas del desarrollo del niño. Por ejemplo, la prueba de desarrollo visual *Motor Bender II* es una prueba que el niño hace con lápiz y papel, donde la sicóloga le presenta unas figuras al niño, las cuales le piden que reproduzca. Esto mide su percepción viso-motora (destrezas de la coordinación de ojo y mano) y en esta prueba, aunque es una que no tiene límite de tiempo, sí se anota el tiempo que le tomó al niño hacerla.

Dependiendo de los resultados de esta, junto al análisis de la otra información obtenida, se podría generar un referido para un neurólogo, para el área de terapia ocupacional, o para ambos. En este caso, si me preguntas a cuál ir primero, te recomendaría al neurólogo y luego a la terapista ocupacional, ya que el neurólogo comprobará que las áreas del cerebro del niño estén trabajando bien.

Evaluación de terapia ocupacional

Cuando le realicé la entrevista a la madre de Sara, ella estaba muy afligida. Tanto ella como la maestra no entendían cómo la niña, con un cociente intelectual alto a sus nueve años y recibiendo terapias, no podía terminar las tareas escritas. La situación era que llegaba a la casa con incompletos constantemente, porque en ocasiones no anotaba que tenía asignaciones y trabajos para hacer en el hogar, afectando su ejecución académica.

Sara era una niña con doble excepcionalidad, según definido por la Dra. Ana Miró, coordinadora del proyecto Apoyo a la Familia, Estudiantes, Escuelas y Comunidad (AFEECTo), como «estudiantes que son talentosos o identificados como dotados y que tienen otra excepcionalidad (*disability*)». En Puerto Rico, es a través de la Ley 146 de 2018 de la Carta de Derechos del Estudiante Dotado de Puerto Rico que se define al estudiante dotado como aquél niño o joven con un cociente intelectual de 130 o mayor.

En la situación de la estudiante, esta contaba con un cociente intelectual de 138, y también había recibido un diagnóstico de déficit de atención con hiperactividad (DDAH). Este diagnóstico provino de un siquiatra escasamente un año antes, luego de realizar varias evaluaciones en el área de sicología y neurología. Además, Sara recibía terapia farmacológica (medicamentos), así como sicoterapia.

Una vez analizamos todos los documentos de las evaluaciones que le habían realizado a la niña, encontramos que tenía una evaluación de terapia ocupacional hacía dos años, donde le recomendaron que recibiera servicios en esta área dos veces por semana. La madre indicó que como no estaba clara de qué manera esa terapia beneficiaba a su hija en el aprendizaje, en especial en la lectura y escritura, la había dejado para que la cogiera más adelante.

Podemos ver entonces que, como no se estaban atendiendo a cabalidad las necesidades de la niña, no se estaba logrando la meta que buscaban, que era que ella pudiera ir a la par con lo que su cociente intelectual establece.

¿Qué es la terapia ocupacional?

La Asociación Americana de Terapia Ocupacional nos dice que esta es la única profesión que ayuda a las personas durante toda la vida, ya que comienza desde que las personas son niños para ayudarlos a hacer lo que desean y necesitan hacer mediante el uso terapéutico de las actividades diarias. De esta manera, vamos entendiendo por qué sus actividades parecen «juegos».

Estas actividades ayudan para que las personas de todas las edades puedan vivir la vida al máximo. Entre las ayudas que brindan a los niños se encuentra que puedan participar plenamente en situaciones escolares y sociales. También, pueden ayudar cuando se sufre una lesión que requiere recuperación para llevar a cabo las actividades de su edad. Los servicios de terapia ocupacional incluyen generalmente una evaluación e intervención individualizada para mejorar la calidad de vida del niño en su diario vivir, así como en su aprendizaje.

A lo largo de mi experiencia, he encontrado muchas situaciones que requieren terapia ocupacional donde, por diferentes razones, los niños no han recibido las mismas. Esto afecta no tan solo esta área del desarrollo, sino que también su aprendizaje y, por lo tanto, su futuro.

Entre las razones principales pude identificar para este déficit de terapias fue el desconocimiento sobre su importancia, ya que por ejemplo, algunas madres me comentaban que los terapeutas ocupacionales lo que hacían era «jugar» con los niños. Ellas desconocían que esas actividades de juego estaban diseñadas para trabajar áreas específicas en el desarrollo y fortalecimiento de las destrezas de coordinación, como por ejemplo, la vista (ojo) con la transferencia al tacto (mano) para la escritura.

Cuando se hace una evaluación en esta área, el objetivo es conocer la capacidad de independencia que tiene el niño para llevar a cabo sus tareas del diario vivir. Además, se busca conocer su nivel de atención y capacidad para realizar tareas. Por ejemplo, se evalúa el desarrollo de las destrezas motoras con las manos para escribir y manipular otros objetos.

Esta evaluación, al igual que las anteriores, está compuesta por varias pruebas para asegurar que el niño pueda ver y escuchar bien, ya que estará recibiendo instrucciones y ejecutando tareas.

Al finalizar la evaluación, se redacta el informe, se discute con la persona encargada del niño y, de necesitar servicios en esta área, los mismos estarán dirigidos en términos generales para ayudarlo a fortalecer las áreas de necesidad identificadas. Como parte de mi experiencia, te puedo decir que esta es una de las áreas de servicios más importante para facilitar el aprendizaje del niño, ya que integra todos los sentidos en el proceso de terapia.

¿Quién es el terapeuta ocupacional?

Según en la definición presentada por la Dra. Beatriz Matesanz García, el terapeuta ocupacional aporta sus conocimientos para mejorar las capacidades que el niño tiene comprometidas, como podría ser agarrar el lápiz correctamente para poder escribir, y a través de sus servicios le enseña estrategias que compensen y le permitan desenvolverse cumpliendo con la tarea.

Estos profesionales, los cuales podemos encontrar en escenarios escolares, centros de servicios terapéuticos o en oficinas independientes, ayudan a los niños con las dificultades que tienen que ver con la coordinación física, la organización y sus capacidades de trabajo, así como también con algunas dificultades de aprendizaje y atención para poder hacer sus tareas.

Para recibir servicios en esta área, lo primero que debemos hacer es referir al niño para una evaluación. Este referido puede originarse a través de la evaluación sicológica, como sucede en la mayoría de las ocasiones, puedes solicitarlo tú como madre, padre o encargado, o también podría ser recomendado por su pediatra, maestro, trabajador social, u otro profesional dependiendo de la situación. Las aseguradoras de salud, al igual que las organizaciones públicas, pueden tener protocolos específicos para el manejo de estos servicios.

Me resta informar que los servicios de terapia ocupacional pueden ofrecerse por el terapeuta o por su asistente, bajo la supervisión de este. Sin embargo, la evaluación solo la puede hacer el terapeuta ocupacional. En estas evaluaciones, al igual que en la sicológica y las demás, tu niño recibirá instrucciones para llevar a cabo actividades, y necesitamos que antes de evaluarlo le realices las evaluaciones visuales y audiológicas.

Evaluación siquiátrica

Zuleyka, de ocho años de edad, se encontraba repitiendo el primer grado. Vivía con su madre y un hermano menor. La maestra la refirió a mi oficina, ya que a pesar de su capacidad de aprendizaje, tenía dificultades en su desempeño escolar. Por ejemplo, presentaba retos en sus relaciones interpersonales con sus pares, pues había agredido en varias ocasiones a otras dos niñas. A una la mordió y a la otra la agredió enterrando la punta de un lápiz en uno de sus brazos. En ambas situaciones tuvimos que referirlas a sus respectivos pediatras. Siempre que se presenta una lesión en la piel de un niño recomiendo que sea evaluada por este profesional, por si requiere algún tipo de medicamento o tratamiento. De esta manera, evitamos otro tipo de complicaciones.

Al dialogar con la maestra, ella indicó que en varias ocasiones cuando le llamaba la atención, Zuleyka tiraba algunos pupitres y mesas, ocasionando que sus compañeros y compañeras se asustaran y que no quisieran asistir a la escuela. De igual modo, cuando entrevisté a la madre, también me dijo que se le hacía difícil manejar a su hija en el hogar. En ocasiones temía por la seguridad de sus niños, ya que en dos ocasiones Zuleyka había tomado un cuchillo para agredir a su hermano cuando discutían, por ejemplo, mientras jugaban. Así mismo, entre lágrimas me dijo que la niña dormía poco durante las noches y que tenía pesadillas.

La madre sospechaba que no dormir bien causaba que Zuleyka pasara la mayor parte del tiempo de mal humor. Se sentía frustrada, ya que no sabia qué más hacer con su hija o a qué médico llevarla, ya que hasta siquiatra tenía. En esta situación, la niña recibía servicios educativos de apoyo para sus materias de español y otras, y además tenía varias evaluaciones, en las cuales le habían recomendado los servicios de terapias en los que estaba activa: sicología, terapia ocupacional, habla y lenguaje y siquiatría. La niña recibía tratamiento farmacológico (medicamentos) y sicoterapia con un siquiatra pediátrico. Sin embargo, y a pesar de todos estos servicios, evidentemente todavía faltaba algo. Cuando me encontraba con una situación como esta, lo comparaba con un rompecabezas, y me preguntaba, «¿cuál es la pieza que falta todavía?».

Fue entonces cuando acordamos referir a la niña a un especialista en neurodesarrollo, ya que no teníamos una respuesta o explicación ante esta situación. El problema podía ser un mal diagnóstico, y por ende, un tratamiento que no iba a tono con sus necesidades. A partir de esta evaluación, la cual fue bastante amplia, se emitieron varias recomendaciones y se envió copia de la misma a su siquiatra pediátrico, así como a todos los otros profesionales que atendían a la niña.

A partir de ese momento, el tratamiento siquiátrico de la niña se revaluó y se estableció un nuevo plan. También se rediseñó su plan educativo para incluir el manejo de su conducta cuando surgiera algún tipo de situación como las que ya se habían presentado en el salón de clases y en el hogar. En estos planes se incluyó a sus maestras, terapeutas y, por supuesto, a la madre.

Estos planes pueden tomar desde meses hasta años para demostrar resultados. Te lo digo por experiencia y para que recuerdes la importancia de ser persistentes en estos procesos, que no es otra cosa que desarrollar disciplina en todo lo referente a sus servicios y tratamientos.

Te aseguro que, si lo haces, verás los resultados en los logros de tu niño. Hoy día, esta joven no está en tratamiento farmacológico y se encuentra terminando sus estudios profesionales, todo esto gracias a esa madre que, a pesar de esos grandes estresores, siguió adelante con su plan.

¿Qué es una evaluación siquiátrica?

Una evaluación siquiátrica integral, según la página electrónica de la enciclopedia CareFirst, puede ayudar a diagnosticar trastornos emocionales, conductuales y del desarrollo. Se lleva a cabo de acuerdo a la conducta del niño al momento de la evaluación, tomando en consideración las áreas físicas, genéticas, ambientales, sociales, cognitivas (pensamiento), emocionales y educativas que se puedan estar afectando como resultado de los comporta mientos presentados.

Cuando se lleva a cabo una evaluación siquiátrica integral (completa) en niños y adolescentes, esta puede incluir:

- Una descripción de los comportamientos al momento de la misma. ¿Cuándo ocurrieron? ¿Cuánto tiempo duraron? ¿Cuáles son las condiciones en las cuales se desarrollan la mayor parte de las ocasiones? Por ejemplo, en el caso presentado, enviamos un informe de las situaciones que se habían presentado en la escuela y en el hogar y las fechas en que ocurrieron los eventos, entre otros datos.

- Una descripción de los síntomas (lo que se observa). En esta parte, por ejemplo, se le enviaron a los médicos las observaciones de las maestras sobre la participación en clases, cómo se relacionaba con los otros niños, su motivación para integrarse y participar en actividades individuales y grupales, entre otros.

- El resultado de estas conductas en el desempeño escolar. En esta área se les compartía, con la autorización de la madre, su calificaciones o notas, de modo que se pudiera analizar un antes y después de recibido los tratamientos.

- Las relaciones e interacciones con otras personas (padre, madre, hermanos, compañeros de clase y otras personas). Esta información también se recopila en la entrevista que le hace el propio siquiatra a la persona que lleva al niño a recibir el servicio como parte del proceso de evaluación.

- Una entrevista siquiátrica. Ya aquí el siquiatra tiene su estructura de las áreas que estará explorando, basado en los datos referidos.

- Un historial personal y familiar de trastornos emocionales, conductuales o del desarrollo.

- Un historial médico completo que incluya la descripción global del niño, lista de todas las enfermedades o condiciones presentes y cualquier tratamiento que se esté administrando al momento de la evaluación.

- Pruebas de laboratorio de sangre y estudios de radiología.

- Evaluaciones educativas, habla y lenguaje, sicológicas, historial sicosocial de trabajo social, entre otros.

Una evaluación siquiátrica es diferente a una sicológica, ya que desde la formación profesional que tiene, un siquiatra va dirigido a integrar en su análisis tanto la parte biológica como la de la siquis o mente. Para ser siquiatra, primero hay que estudiar medicina, y entonces especializarse en esta área de salud mental.

Además de poder ofrecer servicios de sicoterapia, el siquiatra es el único profesional que puede integrar la terapia farmacológica o de medicamentos para atender situaciones de salud mental, luego de establecidas las necesidades del participante, que en este caso es el niño.

¿Quién es el siquiatra pediátrico?

De acuerdo con la Academia Americana de Psiquiatría de Niños y Adolescentes, el profesional de siquiatría en esta población es un doctor en medicina que se especializa en el diagnóstico y el tratamiento de los desórdenes del pensamiento, las emociones y el comportamiento que afecta a los niños, los adolescentes y sus familias.

Esto se logra mediante la integración de sus conocimientos, realizando una evaluación integral, que fue la mencionada anteriormente. Una vez hace la evaluación, el siquiatra puede entonces llegar a un diagnóstico que comparte con la familia, para luego diseñar un plan que considere todas las necesidades que se identifiquen, las cuales son compartidas e integran a la familia.

Un tratamiento integral puede incluir la sicoterapia individual, de grupo o de familia, medicamentos o las consultas con otros médicos o profesionales de las escuelas, tribunales juveniles, agencias sociales u otras organizaciones de la comunidad.

Evaluación neurológica

Rubí cursaba el primer grado. Tenía un sedoso cabello en-
sortijado que le cubría parte de su hermoso rostro, acom-
pañado de un color de piel moreno y una cálida sonrisa,
aunque se escondía algo de timidez detrás de la misma.
Durante su primer grado, la niña fue referida por su maestra porque en varias ocasiones, mientras estaba realizando alguna tarea como por ejemplo, escribir, leer o hasta
caminar, se quedaba como si estuviera «congelada» por
varios segundos. A pesar de que la niña reaccionaba varios segundos más tarde, la maestra no sabía qué hacer,
ni como ayudarla. En una ocasión, tuve la oportunidad
de observar esto que la maestra indicaba al estar durante
varios días en el salón.

Cuando me reuní con la madre para presentarle esta preocupación, y mientras realizaba la entrevista del historial
sicosocial de la niña, descubrí que durante sus primeros
tres años había recibido tratamiento por convulsiones,
pero que las mismas habían desaparecido y la madre pen-
só que no era necesario darle continuidad a su tratamiento. Además, me dijo que resultaba un reto para ella ofre-
cerle continuidad al tratamiento, ya que a pesar de haber
indagado con la pediatra de la niña la posibilidad de un
referido para un neurólogo, fue imposible conseguirlo.

Para completar, no contaba con servicios de transportación. Una vez terminamos con el historial, logramos
identificar una organización sin fines de lucro que contaba con este servicio de manera gratuita. Como el lugar
quedaba a más de una hora del hogar y no contaban con

transportación, se coordinó la misma a través de la administración municipal.

Cuando la madre volvió a reunirse conmigo, luego de la cita con la neuróloga, estaba muy satisfecha con la evaluación que le realizaron a la niña, así como con las recomendaciones que le dieron para el manejo en el hogar y para nosotros en la escuela.

De acuerdo con el Centro para el Control y la Prevención de Enfermedades (CDC, 2018), «La epilepsia es un trastorno cerebral que causa convulsiones. La manera en que se ve una convulsión depende del tipo que la persona esté experimentando. Algunas convulsiones pueden parecer episodios catatónicos». Esto último es lo que le pasaba a Rubí.

Otras convulsiones pueden hacer que la persona se caiga, tiemble y no se dé cuenta de lo que sucede a su alrededor, como le pasó a una compañera en una clase mientras estudiaba en la universidad. Recuerdo que de repente ella se cayó de su silla y tenía muchos movimientos en su cuerpo, y al terminar la situación, comenzó a llorar.

Las razones por las que hago referidos a los neurólogos van más allá de la epilepsia. También refiero por otras condiciones tales como déficit de atención con hiperactividad, síndrome de Tourette, espectro del autismo, habla y lenguaje, entre otros. Como cada situación es individual, así mismo el plan de acción sigue diferentes rutas basadas en el análisis de las necesidades del niño.

¿Qué es una evaluación neurológica?

Voy a regresar a la situación de Joselo. Este estudiante tuvo varias visitas con su pediatra donde se evaluaron problemas de la sangre, tiroides y hasta de audición. Con el apoyo de un médico especializado en neurología pediátrica, se descubrió que Joselo tenía lo que se conoce como una crisis de ausencia en epilepsia.

Fue algo que ninguno de nosotros había considerado inicialmente, y precisamente esto era lo que estaba incidiendo sobre su aprendizaje. A esto se le añadía que también tenía hipoglucemia (azúcar baja en la sangre).

Para llegar a este diagnóstico, y eventualmente un tratamiento de seguimiento, hubo que realizar varias visitas al médico y muchos exámenes. Finalmente, fue el neurólogo pediátrico quien pudo descubrir la raíz del problema. La aportación de la madre del niño fue un elemento muy importante, ya que ella siguió las recomendaciones y fue consistente, logrando que su hijo pudiera mejorar esta situación hasta que eventualmente desapareciera en la adolescencia. Así que recuerda, tú eres una de las piezas más importante de este rompecabezas. ¡Te necesitamos!

¿Qué puedo esperar de una evaluación neurológica?

En una evaluación neurológica, al igual que en las anteriores, te van a solicitar que completes algunos documentos solicitando datos del niño y el historial de salud familiar, entre otros. También, te harán una entrevista para obtener información más específica de las razones del referido. Como parte del proceso de evaluación, estos médicos especializados en el sistema nervioso pueden hacer sus diagnósticos escuchando datos sobre los síntomas, su historial clínico y el examen físico.

No obstante, para ser más certeros en sus diagnósticos, podrían solicitar ciertos estudios más especializados dependiendo de la necesidad. En ocasiones, estos estudios pueden ser bastante costosos, y podrían solicitar que pagues una parte del mismo o hasta al total, por adelantado. Verifica con algún trabajador social que te pueda ayudar a identificar organizaciones que los ofrecen a un costo menor o, en ocasiones, hasta gratuitos. Por ejemplo, en la situación de Joselo, todos los servicios neurológicos fueron gratuitos.

1. **Electroencefalograma (EEG)** - Esta prueba busca identificar problemas en la actividad eléctrica del cerebro. Puede ayudar a identificar todo tipo de convulsiones en los niños.
2. **Resonancia magnética nuclear (RMN) o tomografía computadorizada (TC)** - Este estudio toma fotografías del cerebro o de la columna vertebral, y puede ayudar a identificar tumores, accidentes cerebrovasculares, infecciones, esclerosis múltiple y otras condiciones genéticas.
3. **Punción lumbar** - En esta prueba se introduce una pequeña aguja en la parte baja de la espalda, con el propósito de tomar una pequeña muestra del líquido que rodea el cerebro (cefalorraquídeo) y la médula espinal.

¿Quién es el neurólogo pediátrico?

El neurólogo pediátrico es un médico que trata a los niños con problemas del sistema nervioso. El sistema nervioso tiene dos partes: el sistema nervioso central, el cual incluye el cerebro y la médula espinal, y el sistema nervioso periférico, que está formado por fibras nerviosas que se ramifican en la médula espinal y se extienden a todas las partes del cuerpo incluyendo el cuello, los brazos, el torso, las piernas y los músculos, entre otras áreas.

El cerebro envía mensajes a través de la médula espinal y del sistema nervioso periférico para controlar el movimiento de los músculos y la función de otros órganos. Este mensaje se envía a través de las neuronas, que son las células que se encuentran en el cerebro y de las cuales tenemos aproximadamente 100 millones. Estas neuronas se comunican con otras neuronas hasta que llega el mensaje para que se lleve a cabo la acción, pero si este mensaje no es transmitido bien, podría pasar lo que le sucedía a Joselo: el mensaje se interrumpe y no llega a donde debe llegar.

Estos médicos a menudo diagnostican, tratan y manejan las siguientes áreas: convulsiones, epilepsia y problemas musculares que pueden causar debilidad como la distrofia muscular y la neuropatía. También, trabajan las condiciones de la conducta, tales como déficit de atención con o sin hiperactividad, tics nerviosos, síndrome de Tourette, problemas del sueño y hasta el autismo. Además, atienden problemas que estén relacionados con el desarrollo de los niños, la parálisis cerebral, retraso en el habla, tumores cerebrales o infecciones o inflamación del cerebro, como por ejemplo, la meningitis.

Definitivamente, este recurso es uno muy importante para la salud y bienestar de los niños. Si te recomiendan una evaluación para el tuyo, no dejes de llevarlo y clarificar con todas las dudas que tengas. De igual modo, te invito a que continúes ampliando la lectura en esta área de la neurología, ya que es fundamental para el aprendizaje de tu niño. Hay un campo de estudios que se llama 'neuro-ciencias" que te podría interesar, así que... ¡adelante!

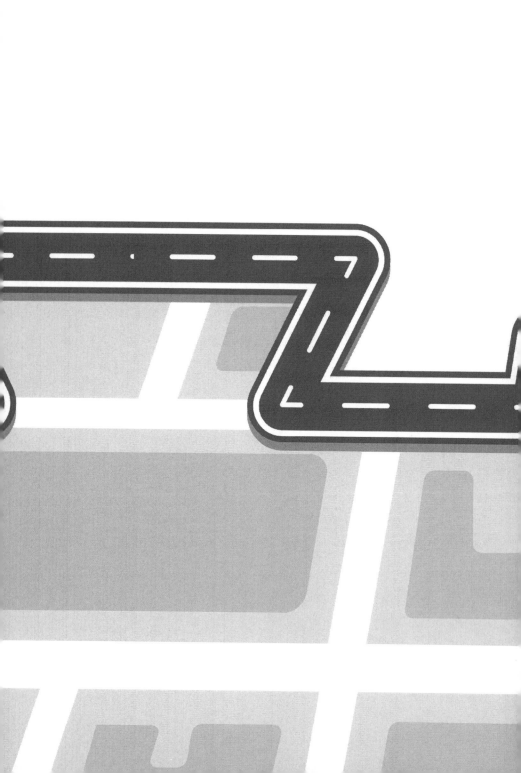

Anejos

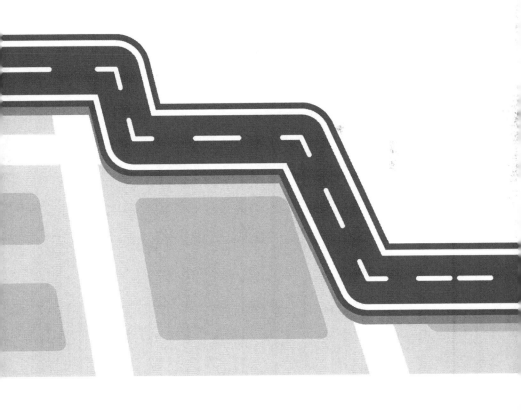

Anejo 1:
Cómo el trabajador social te ayuda
a descubrir a tu niño

Quiero hablarte un poco sobre qué es la profesión de trabajo social basada en mi formación y experiencia, trabajando con las familias y, especialmente, con la niñez. Trabajo social es la profesión que surge ante la necesidad de contar con profesionales comprometidos en la defensa de los derechos humanos y la justicia social de las personas, para de esta manera facilitar el cambio y la transformación de las diferentes situaciones que afectan su diario vivir.

En los escenarios educativos el trabajo social surge para identificar cómo los problemas o situaciones sociales afectan la capacidad de aprender en los niños. La profesión de trabajador social se establece en la década del 1930 en nuestro país. En Puerto Rico, por ejemplo, las escuelas fueron escenarios importantes para atender no solo las necesidades de los niños, sino de toda la familia y la comunidad.

Trabajamos junto a las familias en la identificación y fortalecimiento de las capacidades de los niños mediante el reconocimiento y atención temprana a todas aquellas situaciones personales, familiares y ambientales que les afecten y que no le permitan lograr sus expectativas de éxito, tanto académicas como sociales.

De acuerdo con el Departamento de Trabajo Social de la Universidad de Puerto Rico, «trabajo social es una profesión basada en la práctica, y una disciplina académica que promueve el cambio y el desarrollo social, la cohesión social y el fortalecimiento y la liberación de las personas. Los principios de la justicia social, los derechos humanos, la responsabilidad colectiva y el respeto a la diversidad son fundamentales para el trabajo social. Respaldado por las teorías del trabajo social, las ciencias sociales, las humanidades y los conocimientos indígenas, el trabajo social involucra a las personas y las estructuras para hacer frente a los desafíos de la vida y aumentar el bienestar».

Por su parte, la Asociación de Trabajadores Sociales Escolares de América define a los profesionales de trabajo social que prestan sus servicios en escenarios escolares de la siguiente manera: «Los trabajadores sociales brindan servicios de salud mental, conductual y social, basados en evidencia. [...]. Los trabajadores sociales escolares colaboran con los recursos de la escuela y la comunidad para que los estudiantes alcancen su máximo potencial.»

Para ejercer la profesión de trabajo social, se requiere de una formación académica, contando con un mínimo de bachillerato en trabajo social, una licencia otorgada por el estado y estar colegiados. Además, contamos con un código de ética profesional, que sirve de guía para el establecimiento de nuestra acción profesional con los participantes.

Por ejemplo, nos amparamos en el derecho de las personas a la autodeterminación, lo que en trabajo social se refiere al derecho que tiene cada individuo para elegir su propio proyecto de vida. También, basamos nuestra acción profesional en el principio de la confidencialidad, lo que significa que la información obtenida durante nues-

tras labores le pertenece al participante, y que se garanti-
za el acceso a la misma mediante una autorización previa
establecida con el participante o la familia.

Para mí, el trabajo social con la niñez requiere de amor,
mucha empatía y un gran compromiso de ofrecer apoyo y
compañía a lo largo de un periodo de tiempo hasta lograr
que el niño fortalezca al máximo sus capacidades y logre
desenvolverse de manera independiente en su diario vivir.

¿Qué hace un trabajador social por ti?

Los trabajadores sociales somos mayormente los profesionales que recibimos a las familias cuando están enfren-
tando algún problema con sus niños, por lo que tenemos
la responsabilidad de conocer muy de cerca todos los
datos que nos ayuden a entender el problema y poder
establecer un plan efectivo que ayude a solucionarlo. Es
por esta razón que iniciamos nuestros servicios con un
referido, el cual puede proceder de la propia familia o de
otros profesionales.

Como parte de nuestro trabajo, escuchamos la preocupación de la familia a través de una entrevista, para luego obtener datos en un documento que llamamos historial. Este
historial puede tener diferentes estructuras dependiendo
el lugar donde trabajemos. No obstante, hay unas áreas
que siempre van a estar presente, como por ejemplo:

- **Datos sociodemográficos del niño** - Nombre, fecha
  de nacimiento, edad, unidad familiar.
- **Datos prenatales** - Aquí se solicitan datos desde el

momento en que la madre sale embarazada, hasta el nacimiento del niño, incluyendo situaciones de salud física y mental, hospitalizaciones y situaciones familiares, entre otros aspectos.

- **Datos desde el primer año de vida hasta el momento de la entrevista** – Aquí, dirigimos nuestras preguntas a conocer cómo ha sido el desarrollo del niño a lo largo de su vida en los diferentes ámbitos: familiar, escolar, comunitario.

- **Características personales del niño** – Usualmente, ofrecemos ejemplos de una lista de características donde puedan identificar las que lo distingan la mayor parte del tiempo, como por ejemplo: cooperador, ya que ayuda en las labores cotidianas. Esto se enlaza con las relaciones interpersonales con su familia y otras personas.Relaciones con el niño y su familia - Nos interesa conocer cómo es la relación entre el niño y sus familiares, así como también con su entorno en general.

- **Situación actual del niño** - En esta área establecemos la situación actual y las preocupaciones de la familia. Como parte de este proceso de obtención de datos, podemos visitar los hogares de los niños para conocer su entorno familiar y poder hacer un mejor análisis. También, podemos integrar dibujo, foto-análisis,

la observación, el juego y las pruebas de oraciones incompletas, entre otras estrategias.

Luego que tenemos los datos que necesitamos, hacemos un análisis de toda esa información junto a la familia, para así identificar el problema y los factores causales del mismo y establecer un plan de acción. En este proceso se van llevando a cabo acciones concretas, tales como referidos, coordinaciones de servicios en la comunidad, reuniones familiares y discusiones de casos, entre otras actividades. El tiempo de duración de los planes, aunque se trabaja mediante un periodo de tiempo establecido con la familia, depende de las necesidades del niño.

Anejo 2:
Historial del desarrollo

Como parte de la entrevista que llevamos a cabo los profesionales que trabajamos con la etapa de la niñez, es importante que tengas presente algunos de los datos que te podrán solicitar en la primera visita para hacer lo que llamamos un historial del desarrollo del niño. En ocasiones, me ha ocurrido que quien tiene todos los datos es la mamá, y quien viene a traer al niño o la niña es el papá o la abuela, y esto afecta esta parte de la evaluación.

Mi recomendación es que la persona que vaya a ir a la entrevista revise esta lista, para asegurar que tendrá la información que necesita. También, puede verificar si tiene que llevar algún tipo de documentación, como por ejemplo: certificado de nacimiento, recibo de utilidades (agua o luz), evidencia de ingresos, seguro médico, evaluaciones de otros profesionales, entre otros.

Datos básicos del niño
- Nombre completo del niño (con sus apellidos y si tiene un segundo nombre)
- Fecha de nacimiento (día, mes y año)
- Sexo
- Nombre de la escuela en la que se encuentra matriculado o si recibe educación en el hogar (*homeschooling*) si aplica
- Grado o alternativa educativa.
- Nombre de la maestra (si aplica)

Datos de la familia

- Nombre de:
  - Padre
  - Madre
- Encargados legales (si el niño se encuentra bajo su custodia legal, lleve el documento o una copia del mismo)
- Dirección postal (donde recibe la correspondencia)
- Dirección física (residencial)
- Teléfono del hogar
- Ocupación de la madre
- Número de teléfono del empleo
- Ocupación del padre
- Número de teléfono del empleo
- Correo electrónico de la persona encargada

Referido (si aplica)

- Nombre de la persona o profesional que refiere
- Relación con el niño (ej. trabajadora social, maestra, pediatra, etc.)
- Razón de referido - ¿Por qué la persona lo refiere?
- ¿Cuáles fueron las observaciones por las que lo refirió?
- Expectativas del padre/madre/tutelares de la evaluación - ¿De qué manera espera que esa evaluación ayude a las necesidades de su niño?

Datos de salud del niño

- Pediatra de tu niño: nombre, dirección y teléfonos, y si tienes su tarjeta de presentación, llévala ese día

- Información de otros médicos con los que recibe servicios (por ejemplo: neumólogo, gastroenterólogo, etc.)
- Diagnósticos: si los tienes en algún documento redactado por el médico, mucho mejor, lleva una copia

Información familiar
- Cuidadores
- Idioma principal
- Nombres, edades y relación con el niño de todas las personas que viven en la misma casa (hermanos, tíos, etc.)

Historial familiar de problemas de salud y de salud mental
- ¿Algún familiar tiene problemas de salud física? (Diabetes, alta presión, hipotiroidismo, cáncer, etc.)
- Padecimiento de algún familiar con problemas de salud mental: depresión, bipolaridad, déficit de atención, autismo, otros
- ¿Reciben tratamiento? (Si la respuesta a la anterior es que sí)

Historial prenatal y neonatal
- Lista de medicamentos que tomó durante el embarazo y la razón
- Condiciones de salud durante el embarazo
- Hospitalizaciones
- Duración del embarazo
- Accidentes
- Semanas de duración del embarazo

- Si nació prematuro
- Si tuvo alguna hospitalización al nacer
- Situación de salud general al nacer

Historial del primer año del niño

- ¿Cuándo gateó?
- ¿Cuándo se volteó?
- ¿Cuándo caminó?
- ¿Cuándo sonrió?

Estado de salud

- ¿A qué edad fue solo al baño?
- Operaciones
- Hospitalizaciones
- Accidentes
- Tipo de alimentación
- ¿Cómo era, o es, su sueño?
- Conducta
- Relaciones con la familia y amigos

Persona contacto en caso de una emergencia

- Nombre
- Teléfono
- Parentesco
- Dirección

Anejo 3:
La Ley IDEA

La Ley IDEA define e identifica categorías de impedimentos bajo las cuales los niños tienen derecho de recibir una educación pública gratis y apropiada. Estos servicios se ofrecen en los estados y territorios de los Estados Unidos, incluyendo a Puerto Rico. Estos servicios educativos incluyen servicios relacionados (terapia sicológica, física, habla y lenguaje, entre otras) de acuerdo con las necesidades de su niño.

Los servicios son proporcionados por medio de un sistema de intervención temprana (por ejemplo, en Puerto Rico se encuentran en todos los centros pediátricos de las regiones del Departamento de Salud, y son gratis). Este sistema podría estar dirigido por el Departamento de Salud del Estado, u otro departamento como el Departamento de Educación.

Si usted es padre y le gustaría aprender más sobre los servicios de intervención temprana en su estado, incluyendo cómo solicitar que su niño sea evaluado sin costo alguno, pruebe algunas de las siguientes sugerencias:

- Solicite que el pediatra de su niño le dé información sobre el sistema de intervención temprana en su comunidad o región;
- Comuníquese con el departamento de pediatría en un hospital local y pregunte a dónde debe llamar para conocer más acerca de los servicios de intervención temprana en su área.

Para los niños y jóvenes de tres a veintiún años de edad

Los servicios de educación especial y los que se conocen como servicios relacionados (terapias, entre otros), son proporcionados por medio del sistema escolar público. Para aprender más acerca de estos servicios, llame a su escuela pública local. La escuela le informará acerca de las políticas de educación especial en su área o le puede referir a una oficina del distrito o condado, donde encontrará esta información.

Si usted es padre, madre o encargado y piensa que su niño puede necesitar servicios de educación especial y servicios relacionados, asegúrese de preguntar cómo puede hacer que su niño sea evaluado bajo IDEA para determinar su elegibilidad. A menudo hay materiales disponibles para informar a los padres acerca de las políticas locales y estatales para recibir servicios de educación especial y servicios relacionados.

Anejo 4:
Mi tabla AprendÉxito

Fecha de inicio: _____

Caminos	Pasos para padres, madres y encargados	Comentarios del progreso
Camino 1: Identifica el punto geográfico • ¿Dónde se encuentra tu niño ahora? • ¿Te han ofrecido un referido? • ¿Tienes alguna preocupación?	**Paso 1: Referido o preocupación** **Referido por un profesional** • ¿Es una solicitud tuya, o de un familiar? **Paso 2: Organizo el expediente y añado información** **Organizar expediente con todos los documentos** • Escolares • Médicos • Preescolares • Otros • Tareas de los indicadores del desarrollo del capítulo 1 • Historial **Paso 3: Analiza y escribe lo que entiendes es el problema o preocupación**	

Camino 2: Iniciando la Ruta AprendÉxito	Paso 1: Paradas universales
• ¿Dónde inicio la ruta?	• Evaluación pediátrica • Evaluación audiológica • Evaluación visual **Paso 2: Analiza la ruta** • ¿Cuáles fueron los resultados? • Evaluaciones de la ruta + información existente
Camino 3: Analiza la ruta AprendÉxito recorrida • ¿Qué encontraste en la ruta universal? • ¿Qué todavía no entiendes? • ¿Cuáles son las fortalezas? • ¿Cuáles son las áreas o capacidades en desarrollo que necesitan más atención?	**Paso 1: Analiza y responde** • ¿Qué ha pasado desde que el niño fue evaluado? Compara al presente • ¿Qué encontré en la ruta universal? • ¿Cuáles fueron las recomendaciones? • ¿Recomendaron referidos para otras evaluaciones o terapias? • ¿Recomendaron profesionales para estos nuevos servicios? • ¿Pude aclarar dudas con los profesionales que evaluaron? • ¿Todavía hay algo que no me queda claro? • ¿Cuáles son las fortalezas de mi niño? • ¿Qué todavía no entiendo o no me queda claro? • ¿Cuáles son las áreas o capacidades en desarrollo? • ¿Cuáles son las áreas que requieren prioridad? **Paso 2: Toma de decisiones** • Alternativa 1: Termina la ruta • Alternativa 2: Continúa la ruta

Camino 4: Delinea tus ruta personal AprendÉxito
- Establece tu ruta en el mapa.
- Inicia tu salida y llega al final de la ruta.
- Evalúa los resultados de cada parada y analiza cuál debe ser el siguiente paso.

Paso 1: Identifico y escribo
- ¿Cuáles son las recomendaciones?

Paso 2: Establezco el plan Meta
Contesta estas preguntas:
- ¿Qué quiero lograr?
- ¿Por qué lo quiero lograr?
- ¿Cómo lo voy a lograr?

Paso 3: Asigno un valor
- ¿Cuál parada hago primero?
- ¿Me recomendaron que hiciera un parada antes que otra?

Paso 4: Identifico y coordino
- Coordino los referidos
- Identificar posibles profesionales para estos referidos
- Coordino los servicios

Establezco prioridades a corto plazo (1-3 meses)
- Coordino las evaluaciones y servicios recomendadas, entre las que podría encontrarse:
- Evaluación sicológica
- Evaluación de habla y lenguaje
- Evaluación de terapia ocupacional
- Evaluación neurológica

Anejo del historial
- Verifico este anejo de historial para conocer los datos que me podrán preguntar como parte de las entrevistas con otros profesionales.

Establezco prioridades a mediano y largo plazo
- Seguimiento escolar
- Seguimiento a las terapias y revaluaciones
- Otros

Camino 5: Punto de llegada de la ruta

AprendÉxito
- ¿Cuál ha sido el resultado de la ruta?
- ¿Necesitas repetir alguna parada?

Paso 1: Evalúa los caminos y paradas

Analiza los resultados de la meta trazada
- Compara los cambios antes y después.
- Dialoga nuevamente con: maestros, terapeutas y otros, y pregúntales sobre sus observaciones.
- Dependiendo de cómo va progresando tu niño, puedes identificar nuevas recomendaciones que puedas integrar a tu plan.

Paso 2: Próximo paso
- ¿Ahora qué?
- Si todo está bien, terminamos la ruta.
- En otras ocasiones, necesitamos regresar a alguna de las paradas, pero tal vez sea una parada corta.

¡Adelante, vamos a lograrlo!

Glosario

Diversidad funcional - Es un término alternativo para «discapacidad» y se refiere a que cada persona cuenta con ciertas capacidades que necesitan ser gestionadas o trabajadas (lo antes posible), de modo que no se produzcan exclusiones o discriminaciones cuando se expongan al sistema escolar y social.

DSM - Es el manual de diagnósticos estadísticos de trastornos mentales, publicado por la Asociación Americana de Psiquiatría, y que sirve como referencia o guía para gran parte de los profesionales en el diagnóstico de estos trastornos.

Educación formal - Esta educación es intencional, planificada y regulada. Está formada por un conjunto de estudios que han sido regulados y planificados como parte de un sistema educativo. La educación primaria, secundaria y universitaria entra dentro de este tipo de educación. Es el tipo de educación que se considera obligatoria hasta ciertos niveles y es controlada por el estado o gobierno.

Educación informal - Esta educación es la que se ofrece en el día a día sin una planificación, por lo que no se encuentra en los currículos educativos. La recibimos en nuestra familia, en la comunidad y diferentes lugares que frecuentamos como parte de nuestra cotidianidad. Es un proceso donde aprendemos unos de otros.

Educación no formal - Esta educación se parece a la formal, ya que es intencional y planificada, pero no se encuentra dentro del ámbito de la escolaridad obligatoria o institucionalizada. En esta categoría se encuentran los cursos de educación continuada y la educación en el hogar de los niños que no asisten a una escuela, también conocida por *homeschooling*, entre otras.

Indicadores del desarrollo - Lo que se espera pueda lograr la mayoría de los niños en una etapa determinada. Para esto, el CDC presenta varios ejemplos de indicadores en las áreas social y emocional, habla y comunicación, cognitiva y el área motora y de desarrollo físico.

Condiciones genéticas - Son condiciones que vienen en los genes de la familia, y que pueden ser heredadas.

Déficit de atención - Es un patrón persistente de falta de atención e hiperactividad - impulsividad que interfiere con el funcionamiento o desarrollo. Es un desorden neurológico que puede ser clasificado, dependiendo de los resultados en su evaluación, en: presentación combinada, presentación predominante con falta de atención o presentación predominante impulsiva e hiperactiva. Esto va a depender de lo que identifique el neurólogo o siquiatra.

Autismo – Es un desorden del neurodesarrollo, y en su diagnóstico se consideran la interacción social y la comunicación, así como un repertorio muy restringido de actividades e intereses. Incluyo algunos de los criterios que se integran en su identificación:

- Deficiencias persistentes en la comunicación y en la interacción social en diversos contextos.
- Patrones restrictivos y repetitivos de comportamiento, intereses o actividades.
- Los síntomas causan deterioro significativo en el área social, escolar o en otras áreas importantes.

Trabajo social - Es la profesión que surge ante la necesidad de contar con profesionales comprometidos en la defensa de los derechos humanos y la justicia social de las personas, para de esta manera facilitar el cambio y la transformación de las diferentes situaciones que afectan su diario vivir.

Trabajador social escolar - la Asociación de Trabajadores Sociales Escolares de América lo define de la siguiente manera: «los trabajadores sociales escolares son proveedores de salud mental, autorizados y certificados, que sirven a diversos grupos de estudiantes, familias, escuelas y comunidades. Los trabajadores sociales brindan servicios de salud mental, conductual y social, basada en evidencia. Promueven un clima y cultura escolar seguros y equitativos, que apoyan resultados académicos y de comportamiento positivos. Los trabajadores sociales escolares colaboran con los recursos de la escuela y la comunidad para que los estudiantes alcancen su máximo potencial». Para fines del libro, lo defino como el profesional que cuenta con un área de sub-especialidad certificada para trabajar en escenarios escolares, que facilitan en su accionar profesional la emancipación de los estudiantes mediante el mejoramiento del máximo potencial de sus capacidades, integrando tanto al personal escolar y a las familias como a otros profesionales.

Epilepsia - Es una enfermedad del sistema nervioso central que se manifiesta en forma de crisis inesperadas y espontáneas, desencadenadas por una actividad eléctrica excesiva en el cerebro.

Referencias

- Academia Americana de Psiquiatría de Niños y Adolescentes. (2015). Recuperado de https://www.aacap.org/AACAP/Families_and_Youth/Facts_for_Families/FFF-Spanish/El-Psiquiatra-de-Niños-y-Adolescentes-Psiquiatra-Infantil-000.aspx

- Ápice, Asociación Andaluza de Epilepsia. ¿Qué es la epilepsia? Recuperado de https://www.apiceepilepsia.org/que-es-la-epilepsia/que-es-la-epilepsia-definicion/

- ASISA. (2016). El blog de ASISA. Diferencias entre miopía, hipermetropía, astigmatismo y presbicia. Recuperado de http://www.blogdeasisa.es/salud/diferencias-miopia-hipermetropia-astigmatismo-presbicia/#prettyPhoto

- Asociación Americana de Habla, Lenguaje y Audición. Speech Sound Disorders. Recuperado de https://www.asha.org/public/speech/disorders/Speech-Sound-Disorders/

- Asociación Americana de Optometría. (2019). ¿Qué es un doctor en optometría? Recuperado de https://www.aoa.org/about-the-aoa/what-is-a-doctor-of-optometry

- Asociación Americana de Psicología. (2019). Frequently asked questions about the American Psychology Association. Recuperado de https://www.apa.org/support/about-apa

- Asociación Americana de Terapia Ocupacional. (2019). ¿Qué es terapia ocupacional? Recuperado de https://www.aota.org/Conference-Events/OTMonth/what-is-OT.aspx

- Burgos Ortiz, N. (1998). Pioneras de la profesión en trabajo social en Puerto Rico. Editorial Publicaciones Puertorriqueñas. Recuperado de http://www.ts.ucr.ac.cr/binarios/libros/libros-000040.pdf

- Centro de Prevención y Control de Enfermedades (CDC). Departamento de Salud y Servicios Humanos de Estados Unidos. (2009). Aprenda los signos. Reaccione pronto. Recuperado de https://www.cdc.gov/ncbddd/actearly/pdf/other-lang/LTSAE-SPN-Checklist-with-Tips-5anos-P.pdf

- Centro de Prevención y Control de Enfermedades (CDC). (2014). Aplying the Knowledge to Action (K2A) Framework: Questions to Guide Planning. Recuperado de https://www.cdc.gov/chronicdisease/pdf/K2A-Framework-6-2015.pdf

- Centro para el Control y Prevención de Enfermedades. (2018). Epilepsia. Recuperado de https://www.cdc.gov/epilepsy/spanish/basicos/datos.html

- Colegio de Profesionales del Trabajo Social de Puerto Rico. (2017). Código de Ética Profesional. Children's Healthcare of Atlanta. Evaluación del habla y lenguaje de su niño. Recuperado de https://www.choa.org/~/media/files/Childrens/medical-services/rehabilitation/outpatient-rehab/what-to-expect-speech-spanish.pdf?la=en

- Chugani, H.T. (2017). KidsHealth from Nemours. Crisis de ausencia por epilepsia en la infancia. Recuperado de https://kidshealth.org/es/parents/childhood-absence-epilepsy-esp.html

- Clarín Salud. (2019). La salud de los ojos. ¿Qué es el "síndrome de visión informática? Recuperado de https://www.clarin.com/salud/sindrome-vision-informatica-ojos-vision-vista-mirar-pantallas-television-computadora-lcd-tablet-smartphone-celular-tableta-dispositivos-electronicos-salud-cuidados_0_Bk-7KAtvmg.html

- Consejo Mundial de Optometría. (2013). Celebración de los 90 años. Recuperado de https://worldcouncilofoptometry.info/wp-content/uploads/2017/03/WCO-Presentation-FINAL-Spanish-Version.pdf

- Departamento de Trabajo Social. (2017). Universidad de Puerto Rico, Recinto de Rio Piedras. Recuperado de https://sociales.uprrp.edu/trabajo-social/

- Deusto Salud. (2019). El concepto de discapacidad. Recuperado de https://www.deustosalud.com/blog/teleasistencia-dependencia/concepto-discapacidad-diferencias-entre-discapacidad-deficiencia

- Enciclopedia CareFirst. (2019). Evaluación psiquiátrica integral en niños. Recuperado de http://carefirst.staywellsolutionsonline.com/Spanish/Encyclopedia/90,P05674

- Esteban, E. (2019). Guía Infantil. Tabla del desarrollo de los niños de 0 a 6 años. Recuperado de https://www.guiainfantil.com/articulos/bebes/desarrollo/tabla-del-desarrollo-de-los-ninos-de-0-a-6-anos/

- Estremera Jimenez, R. (2015). Trabajo Social Comunitario Puertorriqueño: De la experiencia histórica hacia un modelo liberador. Publicaciones Gaviota.

- Eunice Kennedy Shriver National Institute of Health and Human Development. (2013). ¿Cuales son las partes del sistema nervioso? Recuperado de https://www1.nichd.nih.gov/espanol/salud/temas/neuro/informacion/Pages/partes.aspx

- Fundación (CADAH). (2012). TDAH: Instrumentos o pruebas para evaluar la capacidad intelectual (CI). Recuperado de https://www.fundacioncadah.org/web/articulo/tdah-instrumentos-o-pruebas-para-evaluar-la-capacidad-intelectual-ci.html

- Gobierno de Puerto Rico. (2017). Departamento de Estado. Junta Examinadora de Trabajo Social. Profesionales de trabajo social. Recuperado de https://www.estado.pr.gov/es/profesionales-del-trabajo-social/

- Healthy children.org (2019). ¿Qué es un neurólogo infantil? Recuperado de https://www.healthychildren.org/Spanish/family-life/health-management/pediatric-specialists/Paginas/what-is-a-child-neurologist.aspx

- Horeczko, T. (2013). The Pediatric Assessmente Triangle: Accuracy of its Application by Nurses in the Triage of children. National Library of Medicine. Recuperado de https://www.ncbi.nlm.nih.gov/pmc/articles/PMC4318552/

- Jesuïtes educació. (2018). Actualidad: Educación no formal, informal y formal ¿en qué consiste cada una? Recuperado de https://fp.uoc.fje.edu/blog/educacion-no-formal-informal-y-formal-en-que-consiste-cada-una/

- Kentucky Department of Education. (2019). Kentucky Public School Enrollment. Requirements. Recuperado de https://education.ky.gov/comm/newtoKY/Pages/Kentucky-Enrollment-Requirements.aspx

- KidsHealth from Nemours (2017). Crisis de ausencia por epilepsia en la infancia. Recuperado de https://kidshealth.org/es/parents/childhood-absence-epilepsy-esp.html

- Kübler-Ross, Elisabeth. (1970, c1969) On death and dying. New York: Collier Books/Macmillan

- Lens Crafters. (2019). ¿Por qué los exámenes de la vista son importantes? Ojos saludables: La importancia de los exámenes de la vista. Recuperado de https://es.lenscrafters.com/lc-us/vision-guide/eye-exams

- LexJuris Puerto Rico. (2019). Ley 146 de 2018, Carta de Derechos del Estudiante Dotado de Puerto Rico. Recuperado de http://www.lexjuris.com/lexlex/Leyes2018/lexl2018146.htm

- Matesanz Garcia, B. (2008). Terapia ocupacional en el ámbito escolar. Universidad Rey Juan Carlos. Revista de Terapia Ocupacional Galcia. TOG (A. Coruña). ISSN 1885-527X. Recuperado de www.revistatog.com

- Medline Plus. Información de salud para usted. (2019). Sibilancias. Recuperado de https://medlineplus.gov/spanish/ency/article/003070.htm

- MH Magazine Wordpress. (2019). Etapas de la niñez. Recuperado de https://eldesarrollocognitivo.com/desarrollo-humano/etapa-de-la-ninez/

- Miró, A. Apoyo a la Familia, Estudiantes, Escuelas y Comunidad. Opusculo de la oficina de AFEECTo de la Universidad de Puerto Rico, Recinto de Rio Piedras.

- Organización Mundial de la Salud. (2013). Salud ocular universal: Un plan de acción mundial para

2014-2019.Recuperado de https://www.who.int/blind-ness/AP2014_19_Spanish.pdf?ua=1

• National Core for Neuroethics. University of British Columbia Hospital. The Knowledge to Action Cycle. Recuperado de http://dementiakt.ca/dkt-learning-centre/introduction-to-kt/kt-frameworks/

• Oficina de Vida Independiente de Andalucía. (2019). Diversidad vs discapacidad. Recuperado de https://viandalucia.org/diversidad-vs-discapacidad/

• Organización Panamericana de la Salud. (2011). Implementación del modelo biopsicosocial para la atención de personas con discapacidad a nivel nacional. Oficina Regional de la Organización Mundial de la Salud.

• Phonak Life is On. Pérdida auditiva en niños. Recuperado de https://www.phonak.com/es/es/perdida-auditiva/perdida-auditiva-en-ninos/signos-y-causas-niños.html

• Proyecte Autisme La Garriga. (2016). Criterios diagnosticos del autismo y el trastorno del espectro autista. Recuperado de https://www.autismo.com.es/autismo/criterios-diagnosticos-del-autismo.html

• Psicodiagnosis. (2019). Evaluación psicológica. Recuperado de https://www.psicodiagnosis.es/areaespecializada/evaluacionpsicologica/index.php

- Psychology Today. (2019). Communication Disorders. Recuperado de https://www.psychologytoday.com/us/conditions/communication-disorders

- Rodríguez, M. (2017). Diferencias entre: Evaluación psicométrica, psicológica y psicoeducativa. Recuperado de https://dra-marilyn-rodriguez-psicologia-clinica.webnode.es/l/diferencias-entre-evaluacion-psicometrica-psicologica-y-psicoeducativa/#

- School Social Work Association of America. Recuperado de https://www.sswaa.org

- SINEWS. Tests psicoeucativos. Recuperado de https://www.sinews.es/es/psicologia-infantil/tests-psicoeducativos.html

- Shire Pharmaceuticals Iberica S.L. Manual para diagnosticar el TDAH: DSM5. Recuperado de http://www.tdahytu.es/manual-para-diagnosticar-el-tdah-dsm-5/

- UNICEF. (2018). Convención sobre los derechos del niño. Recuperado de https://www.unicef.es/causas/derechos-ninos/convencion-derechos-ninos

- Villar- Epifanio, V. (2019). Diario 16, el diario de la Segunda Transición. Consecuencias de la utilización de diversidad funcional. Recuperado de https://diario16.com/consecuencias-de-la-utilizacion-del-termino-diversidad-funcional/

- Wolff, H. (2012). Manual de Asesoramiento Escolar para Familias. Recuperado de http://www.jdrf.org/lincoln/wp-content/uploads/sites/25/2017/08/Spanish-Resource-SAT.pdf

- Woodward Spanish. Los cinco sentidos, ciencias naturales. Recuperado de https://www.spanish.cl/ciencias-naturales/cinco-sentidos.htm

- Zuñiga Velasco, R. (2014). Triangulo de evaluación pediátrica. Pediatría Integral. Recuperado de https://www.pediatriaintegral.es/publicacion-2014-06/triangulo-de-evaluacion-pediatrica/

Perfil de la autora

La Dra. Nancy Viana Vázquez posee un bachillerato y maestría en trabajo social con especialidad en familias y un doctorado en educación con especialidad en administración y supervisión educativa. Cuenta con más de veinte años de experiencia trabajando con niños y familias en escenarios escolares y de salud. Trabaja en instituciones de educación superior en programas graduados y subgraduados de trabajo social y educación (Universidad Central de Bayamón, Universidad Ana G. Méndez, Gurabo, Universidad Interamericana y UPRRP). Actualmente es catedrática auxiliar y asesora académica en el Departamento de Trabajo Social de la UPRRP. Además, forma parte del equipo interdisciplinario del Proyecto Doble Excepcionalidad de la facultad de educación.

Participó como tallerista en el Proyecto Alcanza del Centro de Investigaciones Educativas de la Universidad de Puerto Rico, el cual integra los estándares y mejores practicas para la educación de la niñez temprana.

Visitó Finlandia y Suecia para estudiar su sistema educativo y, a partir de sus hallazgos, cuenta con una publicación profesional en la Universidad de Arizona.

Diseñó el proyecto Trabajo Social y Arte para fortalecer el aprendizaje socioemocional de los niños en etapa escolar. En el 2019, la Asociación Internacional para el Trabajo Social con Grupos le ofreció su aval y apoyo económico al proyecto a través del Programa SPARC, por considerarlo beneficioso e innovador.

En el Departamento de Educación, trabajó como trabajadora social escolar, facilitadora docente de trabajo social, directora de programas, ayudante especial, ofrecía talleres de inducción para profesionales de trabajo social en su primer año de experiencia y ofrecía asistencia técnica, asesoría y consultoría a trabajadores sociales escolares, maestros, consejeros profesionales, directores y superintendentes.

Dentro del Colegio de Profesionales del Trabajo Social de Puerto Rico, es miembro de la Junta Editorial de la Revista Arbitrada Voces desde el Trabajo Social, miembro de la Junta de Directores del Instituto de Educación Continuada y además ofrece talleres, conferencias y adiestramientos para organizaciones públicas y privadas a diferentes grupos poblacionales tales como profesionales de trabajo social, consejeros profesionales, docentes de instituciones de educación superior, maestros, personal de centros preescolares, entre otros.

Como parte de sus responsabilidades de carrera, es perito en casos de familia para la Administración de Tribunales de Puerto Rico.

La Dra. Viana ofrece servicios de consultoría, mentoría, talleres y adiestramientos a distintos profesionales en temas sociales y educativos. Entre sus áreas de interés se encuentran el trabajo con grupos, retención estudiantil, diversidad funcional y doble excepcionalidad, entre otros.